天
Borderless
下

天下，在乎正义和你

刘星作品

西窗法雨

精 装 修 订 版

Law’s Stories
in the West

◆

刘 星 | 著

法律出版社

北京

图书在版编目（CIP）数据

西窗法雨 / 刘星著. -- 2版（修订本）. -- 北京：法律出版社, 2022（2025.11重印）
ISBN 978-7-5197-5739-7

Ⅰ. ①西… Ⅱ. ①刘… Ⅲ. ①法律–文化–西方国家 Ⅳ. ①D909.1

中国版本图书馆CIP数据核字（2021）第129834号

西窗法雨（精装修订版）
XICHUANGFAYU（JINGZHUANG XIUDINGBAN）

作　　者：刘　星
策划编辑：高　山
责任编辑：高　山　邓颖君　黄倩倩
装帧设计：乔智炜　贾丹丹
出版发行：法律出版社
编辑统筹：学术·对外出版分社
责任校对：王　丰
责任印制：胡晓雅　宋万春
经　　销：新华书店
开　　本：A5
印　　张：10.375
字　　数：152千
版　　本：2022年2月第2版
印　　次：2025年11月第10次印刷
印　　刷：天津嘉恒印务有限公司
书　　号：ISBN 978-7-5197-5739-7
定　　价：68.00元

销售电话：010-83938349　客服电话：010-83938350　咨询电话：010-63939796
地　　址：北京市丰台区莲花池西里7号(100073)
网　　址：www.lawpress.com.cn
投稿邮箱：info@lawpress.com.cn
举报盗版邮箱：jbwq@lawpress.com.cn
凡购买本社图书，如有印装错误，我社负责退换。电话：010-83938349

作者简介

刘　星

北京人。中国政法大学钱端升讲座教授。在美国做过访问学者。出版《法律与文学：在中国基层司法中展开》《法律是什么》等学术专著，在《中国社会科学》《法学研究》《中国法学》等学术期刊发表论文若干，并在《南方周末》《法制日报》《文汇报》等报刊辟有法学随笔专栏。

IVS TITIA

精装修订版前言

1996 年,《西窗法雨》的第一篇文章“苏格拉底的慎重”在《南方周末》刊出,后每周一文,立为专栏。24 年过去了,“人面不知何处去,桃花依旧笑春风”。应该纪念。不仅纪念 1996 年的“出发”,纪念曾为本书写精美“序:小文论方圆”的已故文学教授程君文超(我的挚友),还要纪念我和读者一起度过的两个轮回。问责任编辑高山先生,在具有特殊意义、我们每个人不能忘怀的 2020 年出一个具有仪式感的精装修订版如何,答曰“甚好”。

当年小文写作,用的是笔名“一正”。有专家考证,“一正”或许与中国古时的法律想象有关。古文“一”字含有“齐一”“始终”的意思;“正”字则与“刑(形)名已立,声号已建,则无所逃迹若正匿”(《马王堆汉墓帛书》)有关。这些都是法律的品性。笔名这样,应是想替法律说出要义,是寓意。但应该坦白,彼时没有想得那么精深。只是觉得自己研究法律，研究法学，就应“一”，也应“正”；若要文字面世即以“一正”作名，可使心灵从容。今日提到这点，是想感谢业内朋友的赐教和提携；当然，也是提醒自己还需从容及更有未竟之业。

自成书始，已有多个版本与读者相会。回看，本书许多年来未曾被忘却。但我不敢说它有多么“好看”。因为，首先要感谢的是读者的持久抬爱。没有读者的关心扶助，任何一本书的存在绝对不能自诩。我一直希望，这本书是我和每一位关心中国法治建设、关心我们祖国不断勇进的读者交流的一个窗口，相互遥望，彼此勉励。

用历史的眼光看，如果要使我们自己的法律秩序更为美好，就需要看到世界，看到我们自己的过往，从中汲取经验，反思得失，也当然就需要法律作者的文字能和法律读者的阅读不断交汇，反哺思想合作，凝练共同意愿。这也是本书的核心理念。我不相信只有法律作者可以教育（甚至规训）法律读者，更不愿见前者可以对后者“颐指气使”。但我的确相信，在法律知识生产和共享从而促使法律真谛、法律精妙得以被人们广泛领悟的意义上，法律作者的文字踊跃十分必要。其意义是激发，也更是邀请，邀请法律读者共同思考，相望于我们共同的事业，为我们大家的未来奉献一份用心。《西窗法雨》过去、现在是如此，将来还是如此。

本书的思想抒发和叙述风格，已有以往前言介绍，此处不赘。

本版增添了一些内容，是新近写的。另作了个别文字校订。望继续获得批评指正。还要提到，为使本书文字与插图更为默契，让文字的背景空间更为清澈广阔，高山编辑和邓颖君编辑对插图做了较大调整，增添不少新的，这需特别感谢。最后，感谢法律出版社，感谢所有支持本书的读者。也期待修订的精装版可为读者带来新的感受和愉悦。

刘星

2020 年 3 月 14 日初笔

2021 年 9 月 29 日修订

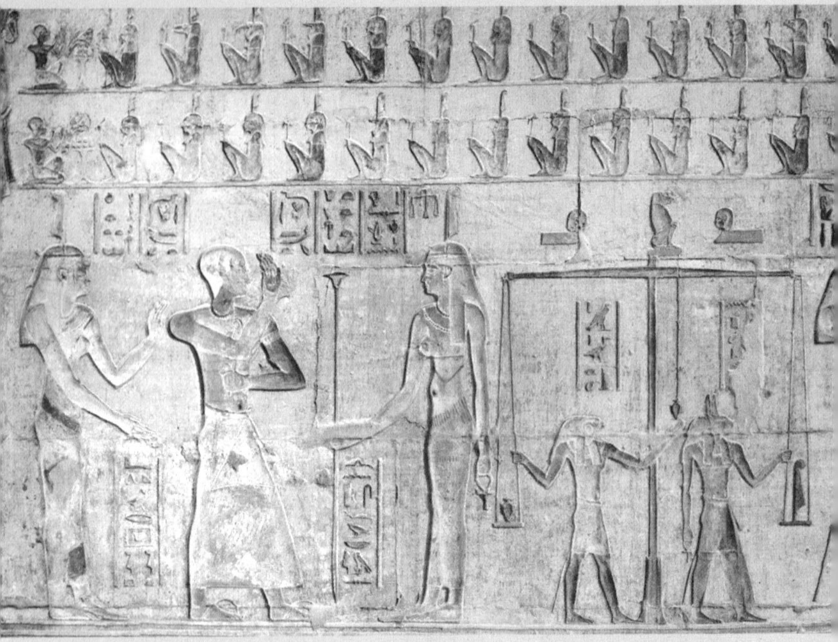

关于正义女神玛阿特（Maat）的《亡灵书》彩绘壁画。这是一幅深刻展现玛阿特为真理、正义和秩序之神的托寓画。图画大约表现的是一个疑难案件的处理场面，玛阿特为一个灵魂是判重生还是毁灭而犹豫不决，只能请奥西里斯一起研究和做最终决断。画面上出现两位玛阿特是强调了“有罪”“无罪”的理由在玛阿特的心中都很充分的托寓画法。这幅画大概的寓意是在判决一个人的生死时，玛阿特是多么的审慎和公正。

精装版前言

2008年出版了本书第2版，如今已2013年，时光荏苒、一切瞬息。从阅读角度看，不论是写作者还是阅读者，均存在不断更新对已往作品的感受、体会、再思考，因为我们的思想和阅读价值的判断都在变化。中国的法治建设已很多年了，而任何法治建设一定是“制度推进”和“思想推进”两个层面的事业，更不能忽略的则在于，“思想推进”往往又是“制度推进”的一部分，这缘于制度从来都是经过分析、讨论、商榷、展望来建构的。虽说利益博弈更是制度形成的深层元素，但利益博弈也要经过“思想博弈”来拓开、调整、妥协。由此而论，更新对以往法律书文作品的感受、体会、再思考，包括促其呈现的思想和阅读价值判断的变化，便是自觉或不自觉地谋求“思想推进”，最终自觉或不自觉地投身“制度推进”。

中国的法治建设从来不能摆脱自有的条件制约，同时伴随全球化及为获得更多思想资源，也不能无视“世界他者”的经验。就此来看，从中国的过去、现在和“世界他者”的三个角度进行思考，相互发明，变得不可避免。本书侧重“世界他者”的经验，并从中喻涉中国的过去、现在及未来。

本书写作策略定位“从小入手、略展要义”。“小”包含如下意思：第一，故事；第二，具体的经验；第三，轻松叙述；第四，篇文简短。“要义”则指“延伸某些思考并作一定理论舒展”。力求从小，是种文学谋划，而不舍要义是将其纳入法学路线。这表明了本书期待和这样一些读者交流：希望略知法律的若干来龙去脉，又希望触摸一些法学的思维游戏。当然，无论意图了解法律还是尝试法学思维游戏，最终都应将目标转向现实法治建设的关切，而本书的写作策略定位已预设了这层意思，原版中的程君文超“序：小文论方圆”也有分析点明。

本书 2003 年版仅有文字，2008 年版增加了一些插图，意在“图文并茂”。如今精装版可说是“图文并茂”的延伸，因为插图是为了“好看”，精装的目的亦为此。关于书籍，现在据说已进入电子世界，纸质世界未来似乎扑朔迷离。但如众所周知，纸质书籍不仅有视觉意义而且有触觉意义，作为人我们亦不愿放弃触觉带来的体验，由此精装版又增添了触觉体验的空间。希望本书精装版确能增添。

感谢法律出版社学术分社分社长助理高山编辑。他提议了精装版。这是对本书的极大支持。另要感谢过去、现在及未来的读者，包括评论者，是他们使本书得以在阅读世界中细水长流。

刘星

2013 年 1 月

康翁波 (Temple of Kom Ombo) 神庙外墙上的一架天平，这面墙的文字据考证雕刻于公元前 181–146 年间。据纸草书的记载，早在公元前 1500 多年，埃及人就已经使用天平了，还有人说，埃及人使用天平的时间还要早，大约在公元前 5000 年以前。

修订版前言

本书应该是第3个版本了，因为曾有花城出版社1998年版和法律出版社2003年版。

这一版有些新的变化，主要是增加了插图，希望图文并茂，更重要的是，希望通过些许图画和零星解说，进一步打开正文思考的想象空间。

本书主要文字，均于12年前的《南方周末》上连载。12年，一个轮回，时间不短。这些文字也许还能继续抒发它们的意义。

有朋友说，这些文字为法学启蒙读物，适合法律初学者可能还有其他人文社科初学者翻阅。这是正确的。在报纸上连载，本身要求“好看”，此为办报策略。而“好看”的定义，一是可以减少阅读成本，二是可以引发阅读乐趣。所以小文不能过长，不能晦涩艰深。当初写作时，即和编辑合谋：从故事讲起，道理略有激发，使读者基本感受了“知识”“思想”便收住，字数千余。效果大体实现了“好看”。

但“好看”涉及文学性，本书内容又以法律为主旨。我想说的是，似乎还应该提到法律与文学的问题。讲法律的事情和道理，可叙述方法不那么“法律”，反倒利用有趣的“故事”，筹划吸引性的“修辞”，这是法律与文学的意思之一。对本书的这一层，好友程君文超，在本书“序”中已有部分说明。苏力教授在《法律与文学：以中国传统戏剧为材料》（三联书店 2006 年版）的开篇导言中，亦“点说”了。

法律与文学需要相互合作，专家学者对此多有学术讨论。概括来讲，如果可以通过文学，不断地提高公众对法律问题的兴趣，这对推进法律事业颇为有益。当有兴趣乃至乐趣的时候，对法律也会更重视了。因为一般而言，我们容易在文学中领会、“被推动”。

在这个意义上，本书也不只是法学启蒙读物了。

新版之际，要感谢一些朋友。首先是曾任《南方周末》编辑的谭庭浩先生。是他相约、鼓励、敦促，使篇篇小文当年得以不断，而且提议了非常富有意境的“西窗法雨”专栏名称，并使我得以用其作为后来的书名。其次是本书第 1 版花城出版社的编辑、本书第 2 版法律出版社的编辑。他们将小文汇集成书，也使本书内容的传播十来年不曾间搁。最后是本版编辑刘彦沣小姐、美编乔智炜先生。他们查找精美图画，努力使本书继续增色。

特别要感谢的是中山大学文学教授程君文超。其“序”轻松精美而又寓意深远，曾以书评方式发表，“提携”本书甚多。遗憾且令人悲伤的是，程君因病去世了，带着曾在南国启迪我文学理解的技艺，还有于我而言的法律与文学的梦……

刘星

2008年秋于北京

COS ITER TR POT

序：小文论方圆

一正（刘星笔名）的“西窗法雨”曾在《南方周末》以专栏形式连载。开的是“西窗”，下的是“法雨”。“窗”小，“雨”也不大。一期千余字，挺低调的。开办者大约有使它“随风潜入夜，润物细无声”的意思。可那“雨”不仅“潜入”了“夜”，也潜入了“心”。读者心里就掀起了波澜。结果，雨仍然是“细”的，雨声却大了起来，颇有些轰动效应。常有外地朋友问我，一正何许人，能写此等好文章？

今天，“此等好文章”汇成了书，“雨”便成了“湖”。在这湖里畅游一通，自是别有一番情致。

总觉得文学与法律相隔很远，其实是没碰到高手。读《西窗法雨》才知道文学与法律是可以联姻的。一正要讲的是法律。法律自然枯燥。但一正却有化枯燥为有趣的本事。用文学的手法讲法律的道理是一正的一大创造。他善讲故事。用文学的眼光看，他有较高的叙述策略。一，他的叙述短小、精彩，且语言幽默风趣，往往几句话便能抓住人。二，他有明确的叙述目的，能将故事在不知不觉中引向他要讲述的道理。读者还在故事的享受里，却已经开始了对道理的领悟。一正有涉笔成趣的本事，古今中外的事件，被他信手拈来、皆成文章。如一正讲到了电视剧《宰相刘罗锅》里刘庸参皇帝一场戏。这显然是当时看电视之后的产物。这场戏一般人看了也就看了，一正却随手抓到了文章里，讲了一通法律内外的平等与不平等这一较深层面的道理。巧妙的故事使一正的道理有着亲切感，而不是瞪起的眼睛、板起的面孔。

且一正讲的道理正是中国社会所需要的。新时期以来，中国社会亟须加强法治建设，人民亟须加强法治观念。人们希望了解西方的法治知识。一正的“雨”便有些解渴，有点儿启蒙的意思，在中国人面前打开了一片全新的天地。而一正又不是一般地介绍西方的法律，他的文字都有着现实性和针对性。他时时讲着西方的法律，却又像时时在讲着中国的现状，让人时时思考中国的问题。如他讲西方“政府旁边的法院”、讲西方“政府的承诺”、讲“上下关系”与“契约关系”、讲公法与私法等。读一正的文字，你常常会想起“好雨知时节”之类的古诗，觉得他这“雨”下得正当时。你会体会到在轻松潇洒的文字背后，作者那强烈的责任感、使命感。一正说，“人们要法律，就是想要社会有个方圆，有个秩序”。（见本书，第4页）中国正以前所未有的速度在发展。发展得越快，越要有方圆，这是不言而喻的。一正就是要寻找一种参照，让人们反观中国法治的过去与今天，让人们去思考中国社会的方圆。

而一正的高超之处还在于，在大多情况下，他并不是一般地塞给你一些法律的道理，而是力争用他的讲述，调动你的一种智慧。在一正的文字里你懂了，法律不只是刑，不只是铁，法律是人类的一种智慧。于是，你得到的，就不只是一些法律条文，而是如何智慧地思考法律问题。如一正讲法律与人性善恶观念的关系，并不纠缠于人性的善恶本身，而是进入这一观念的背后，看看东西方人的文化差异，看看东西方人为什么要对人性进行不同的假设。一进入问题的背后，就把问题看透了。问题一被看透，就简单了。一些被人们津津乐道地讨论着的问题，就显得没有必要甚至可笑。如人性是善是恶的问题，作者轻松地告诉我们，其实并不重要，那都是人们为了某种目的的“假设前提”。“既然我们喜欢上了法治，假设一下人性的不完善或许就是必要的。”（见本书，第15页）诸如此类的问题，往往一正简单几句话，能顶迂腐学者几十年的钻研。在这样的论说里，你进入了法律的智慧天地，你享受着智慧的乐趣。

一正讲述法律之所以能从一般的道理进入智慧层面，

是因为《西窗法雨》其实不只是一般的法律知识介绍，那里溶化着作者颇为尖端、颇为前沿的研究心得。一正是研究西方法理学的学者，有着开阔的视野和深厚的功底。他不仅对西方传统法理学有着精深的研究，而且对法理学的后现代演变有着准确的把握。对法律问题，他不仅讨论其“然”，更讨论其“所以然”；他不仅讨论法律的制定，而且讨论“为什么”“凭什么”制定这些法律。如他讲述法律权利与自然权利间的关系，指出法律的“双刃性”，讨论法律“公正”的背后与“公正”的难题，论述法律内容与形式的“正义”问题……在这些文字里，一些关于法律的神话被解构了。人们对法律的认识得到了真正深层的推进。也正是在这里，人们才发现，社会确实需要方圆，但不同的社会、不同的时代却有不同的方圆，因而什么是方、什么是圆，凭什么方、凭什么圆，如何方、如何圆等都不是简单的问题，那里需要大智慧。

读《西窗法雨》，你会悟到，中国正在呼唤大智慧。而你不会怀疑，大智慧，中国人会有的。

程文超*

* 文学博士，中山大学人文学院教授，博士生导师。

《愚蠢的法庭》（Court of Fools），作品来自安德烈·阿尔恰蒂编纂的《铭图集》(Emblemata，1548)。阿尔恰托是最早倡议将罗马法作为历史现象而不是作为现行法规来进行研究的。著有《评查士丁尼法典后三卷》等。

目　录

附　　录

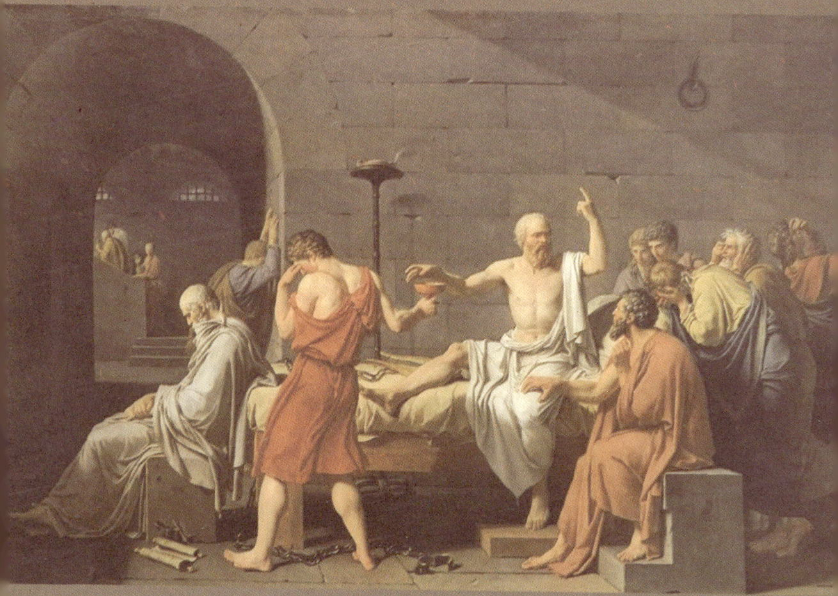

《苏格拉底之死》（The Death of Socrates）是法国画家雅克·大卫在 1787 年创作的油画，现藏于纽约大都会博物馆。

苏格拉底的慎重

柏拉图写过不少对话录，里面讲述了许多稀奇古怪、在中国人看来不可思议的故事，苏格拉底誓死不越狱就是其中的一个。

苏格拉底是个著名的哲学家。此人述而不作，性格倔强，尤其喜好运用“辩证法”将那些自以为学富五车的人驳得哑口无言。这辩证法与咱们现在知道的不同，它是一种很伤人的辩论技术，分为“讥讽”和“助产术”两部分。具体来说，辩论者首先向对方请教学问，好像自己什么都不懂似的，然后通过一问一答的方式，逐渐使对方出现前后矛盾的回答，以达到“讥讽”的目的。最后，提问者便直截了当地告诉对方：“其实你并不懂，还是让我来解释所请教的学问是什么。当然，学问在你心里，只是你无法想起来，现在我帮助你回忆，就像帮你生小孩一样。”这样，便开始“助产”。正是因为经常运用这种方式向他人“请教”，苏格拉底得罪了一些自以为是的“智者”（又称“诡辩学者”）。

于是，这些“智者”便利用雅典荒诞不经的法律，控告苏格拉底传授对诸神不敬的学问，腐化及误导青年，并且还真的把他送进了监狱。在狱中，他被判饮毒而死。

临刑前，苏格拉底的学生克力同来看他，告诉他朋友们决定帮助他越狱，而且一切已安排妥当。可是苏格拉底却坦然自若，表示不越狱。克力同提出各种理由来说服他，告诉他雅典的法律不公正，遵守这样的法律简直是迂腐，但仍然无效。苏格拉底还反问：越狱就正当吗？对一个被判有罪的人来说，即使他确信对他的指控是不公正的，逃避法律制裁难道就正当了？有没有一种服从任何法律的义务？经过与克力同的一番“探讨”，苏格拉底最后还是选择了饮毒。

在一般中国人看来，这种事情恐怕不难处理。既然法律本身就不公正，为什么还要服从呢？实在应该堂而皇之越狱而去。

这个故事可以说大致揭示了西方法律文化一个方面的深层意识。从古至今，有些西方人似乎就不像中国人这么“坚决”。他们认为，对待自己认为不公正的法律，态度要慎重。理由是，人们要法律，就是想要社会有个方圆，有个秩序。有些法律当然不好，甚至可恶，但是如果因此便可以将法律随意戏弄，那么可能人人都会找借口逃避法律的约束，从而导致社会的混乱无序。而且，当某些人认为这个法律公正，而另一些人持相反看法时，能否一定会找到一个公认的标准来确定谁是谁非？当然不一定。就此故事来说，苏格拉底和他的学生认为雅典的法律不公正，而许多雅典人却认为那法律再好不过了，我们恐怕就难以找到连当时大多数希腊人也接受的标准去说“就是苏格拉底正确”，或说“就是大多数雅典人正确”。价值判断这东西，有时就是见仁见智。所以，有些西方人相信，必须慎重对待自己认为不好的法律。把自己的标准强加于人，便容易导致没有理性没有秩序而只有暴力。

安提戈涅 1841 年，门德尔松为《安提戈涅》谱写了演出配乐，这是乐谱封面。

法上“法”

古希腊戏剧家索福克勒斯写了一个十分有名的叫作《安提戈涅》的悲剧。其中一场戏，生动地描述了人的宗教义务和世俗法律义务之间难以调和的冲突。

安提戈涅是一名妇女。她的兄弟普雷尼克因为违反了国家的法律而被国王克里奥判处死刑并已执行。后来，国王还宣布一项法律，规定不许任何人为普雷尼克举行丧礼。但是，就是在这种情况下，安提戈涅仍然勇敢地向国王的法令挑战，按照希腊宗教所规定的仪式，埋葬了她的兄弟。

国王将安提戈涅抓起来，问她为什么违反国家的法律。安提戈涅说：“我应该服从国家的法律，但是，更应该服从高于国家法律的宗教法律。”按照希腊宗教，兄弟姐妹之间的爱是永恒不变的，在其中一个离开人世时，其他人要以宗教仪式举行庄严的丧礼。安提戈涅称，宁愿受国法的处置，也要将兄弟完好埋葬，这是她自己良心上的要求。

在西方法律文化史中，因两种法律秩序之间的冲突而产生的思考源远流长。这场戏只是表明，早在古希腊，西方人就认为应该对这类冲突有一个超验的看法。

西方人总是认为，此岸世界远不如彼岸世界那样完善。在彼岸中，神或上帝是全知全能的，它们安排的世界既公平又有序。而在此岸中，由于人有种种缺陷，世间总有这样那样的不完善。正是因为人的不完善，所以在没有神或上帝的指引下人所制定的法律便有许多毛病，于是，人要完善自己，希望社会公正，就必须以彼岸的法则为最终标准评判自己的行为，甚至评判世俗法律的善恶。

这种世俗法律之上还有更高的法则的观念，在西方的整个文化历史中极为盛行。西方人时常以这种观念为武器，批判现时社会中不完善的法律。他们认为，当世俗法律和更高的法则发生冲突的时候，更有义务去服从后者。这样才能防止世俗社会中有人利用法律造成专制。

当然，也有一些西方人存有忧虑。他们想，国家制定的法律明确清楚，比较好把握，而那些更高法则之类的东西时常很抽象，有时甚至不知所云，所以应以国家的法律为最终标准，否则人世间便会失去明确的行为标准。

在西方人看来，安提戈涅的最后命运是不重要的，她的行为选择的意义才是重要的。人无法摆脱世间命运的安排，但可以选择自己的行为，从而选择自认为更好的法律秩序。

法律的缺陷与人的智慧

治理社会无非有三种形式：法治、人治和无为而治。有人认为，洋人的社会就是法治社会，洋人在观念上都是喜欢法治的。这种说法只能说是部分正确。翻翻西洋历史，你不仅可以发现人治的痕迹，而且可以看到鼓吹人治的也大有人在，其中不乏哲人贤达（如柏拉图）。为什么有人喜欢人治？这恐怕与法律的缺陷有关。

先看一个小例子。数十年前，英国审理了一个颇为棘手的刑事案。案情是这样的，一天，一名叫乔治的小伙子在家里闲得无聊，就想去附近的皇家空军机场看看飞机日常训练。他轻手轻脚地爬过机场旁边的铁丝网和障碍物，坐在机场跑道上兴致勃勃地观看天上的飞机。这时，一架飞机打算降落。正当慢慢降落时，飞行员发现跑道上坐着人，不得不将飞机再次拉起飞向天空。虽然乔治的行为并没有造成什么损失，但是警察还是将他带走了，并于几天后把他送上了法庭。

当时审理此案的法官叫帕克。在开庭那天，帕克一手拿着一部叫作《官方机密条例》的法律，一手翻阅着案件调查的情况说明。当检控官陈述完起诉状后，帕克法官问乔治还有什么可说的。乔治回答说，他甘愿受罚，谁让自己这样无聊地惹事呢。可是，乔治的辩护律师却说，乔治不应受罚，因为他没有违反《官方机密条例》的规定。

律师让帕克法官仔细阅读该条例第3条的规定，上面写着："不得在禁区附近妨碍皇家军队成员的行动……"律师巧辩道，虽然军用机场毫无疑问是个"禁区"，乔治也妨碍了皇家军队成员的行动，但是，他不是在"禁区附近"而是在"禁区里"做的事。该条例第3条只规定了"在……附近"，没有规定"在……里"，所以依据这条规定是不能处罚乔治的。律师还提醒帕克法官注意，英国是个法治国家，法无明文是不为罪的。这样，帕克法官还真是为难了。

大家都说，法律的优点在于它具有稳定性和明确性。

可是，很多人并未意识到，它的优点也正是它的缺点。正是因为它具有稳定性，不能朝令夕改，所以遇到特殊情况便无法随机调整；正是因为它具有明确性，不能模棱两可，所以遇到未曾遇见过的情形，便难以灵活处置。而人的智慧就可以随机应变，灵活处断。在上面那个案件中，假设没有法律在旁边，帕克仅用自己的智慧来断案，可能就不存在为难的问题了。如果再加上人的自觉自律，那么在治国上能说人治不如法治吗？

当然，尽管西洋历史出现过人治，有人根据上面所述理由赞同过人治，洋人以及其他许多地方的人们最后还是选择了法治。不过，最后的选择并不表明法律没有了缺陷，也不表明法律完全可以顶替人的智慧的灵活性。其实，法律的缺陷是法律本身固有和无法消除的。洋人最终选择法治的理由，恐怕不在于觉得法律的优点胜过人的智慧，而仅仅在于觉得法治比人治要可靠，因为，历史时常说明，人的自觉自律不是恒常的。

《创世纪》是米开朗基罗于 1508 年 5 月至 1512 年 10 月创作的壁画，现藏于梵蒂冈西斯廷教堂礼拜堂。

法治的假设前提

大凡读过《圣经》的人都知道，那里面讲了一个有关人类第一父亲和第一母亲的故事。故事说，上帝创造了世界上第一个男人叫亚当，由于亚当觉得太寂寞了，总想让人陪伴，上帝便在亚当身上取下一根肋骨，做成了世界上第一个女人，取名夏娃。亚当和夏娃没什么事可做，上帝便派他们去看管伊甸园，再三叮嘱他们千万不得偷吃善恶树上的“禁果”。

也许是“尝试”心切，夏娃还是将上帝的命令弃置一旁，偷吃了“禁果”。岂料后果十分严重：夏娃抵挡不住蛇的诱惑，性觉醒了，在无法控制的情况下去诱惑亚当，致使两人终于结合在一起，从此，人类就像开了闸的洪水一般不断繁衍，一代传一代。上帝知道之后颇为震怒，将夏娃逐出了伊甸园。上帝还告诉后来的人类，第一父亲和第一母亲的行为是一种罪恶，人类是由于这种罪恶而出现的，所以人类的每个人生下来都是有罪的。

很大程度是因为这个故事，西方人相信了人性恶。

老一辈的中国人都读过《三字经》，那里面的头一句话说：人之初，性本善。尽管历史上曾有几个“法家”分子竭力“诋毁”人性，但是，大多数中国人都追随孔孟之类的说法，喜欢把人讲得善一点。于是，欲从孩提时代教育人的《三字经》开篇就有了人性善的字眼。

纠正人的犯罪的手段只有两个：心灵的教训和肉体的制裁。前者是道德，后者是法律。道德的方式是一种劝说，法律的方式则是一种“恐吓”。显然，对人性善恶的理解会影响纠正手段的选择。洋人以为人性恶，所以觉得教育的力量是软弱的，教育无法抑制人的犯罪倾向，因此特别喜欢用法律。中国人以为人性善，所以确信教化的无边效力，教化肯定可以使人改邪归正，于是以为法律实在是对付低下动物的低下手段。这样，具有强制性质的“法治”在西方日益发达，而在中国则到晚近时期才有了慢慢的起步。

西方人是不是真的像相信人有食欲性欲一样相信人

是性本恶的？可能不是。他们通常都知道，“人性恶”和“上帝的存在”一样，是个信仰的问题，完全不是个真理的问题，如果你要探讨人性善或人性恶，就如同探讨“鸡先蛋先”的问题一样，很可能没有结果。除了《圣经》的影响之外，一般来说，他们还觉得选择一项事物不一定要有个真实的前提，只要是有用，假设一个前提就可以选择了。历史表明他们的想法的确有用。

法治是一个很好的治理社会的手段，这已是不争的事实。中国人时常认为，法律是一种“恐吓”刺激，对付死不改悔的“没有人性”的人自然不在话下；但同时也都相信大多数人是善的，法律对他们似乎是多余的。此外，我们总相信天之外的事情都可以认识，何况人自己的“本质”？于是，总要为人性善性恶的问题争得面红耳赤，似乎只有这个问题解决了才能考虑其他问题。所以历史上，法治在我们的国家里要么不完善，要么“人治”的影子残存不去。其实，既然我们喜欢上了法治，假设一下人性的不完善或许就是必要的。

我们不必想个“夏娃”出来，只需要想想我们相信过的他人和自己做了哪些不守信用、害人害己之类的事便足够了。

“半法治”与“全法治”

人们常说，在中国传统政治文化中，法治从来没有出现过。这种说法一半对，一半不对。中国历史上都有法律，统治者都用过法律来约束被统治者，但统治者自己却不在法律的约束之中，这是中国古代“法家”所说的那一类法治。在西方，从古至今也有法律，在近代之前，法律与统治者的关系也和中国差不多，可到了近代以后，统治者也得接受法律的约束，这便是现代意义上的西方法治。所以应该说历史上的中国是个“半法治”。

现代西方国家可以说是“全法治”。这种法治可通过一个小案领略一二。

十多年前，一名叫作赖特的英国前特工，写了一本回忆录，叫《抓间谍者》，描述了作者历尽沧桑的惊险生活。

赖特是个十分有责任感的人，他觉得他的一个上司、英国军事情报第五局局长霍利斯是个克格勃间谍，便在书中写下了怀疑的种种理由。他还在书中叙述了英国政府20世纪50年代如何企图暗杀埃及总统纳塞尔，20世纪60年代如何秘密截收法国驻英国使馆与戴高乐之间的密码电报，甚至保守党控制的第五局20世纪70年代如何策划阴谋搞垮当时的威尔逊工党政府……英国政府知道了赖特要出版这本书，立即要求法院发布不得出版的禁令。政府说，此书有损国家的安全利益。法院随即发布了禁令。

已移居澳大利亚的赖特想，在英国不行就在澳大利亚出版。英国政府知道这个消息，立即赶赴当地要求法院发布禁令。可是当地法院不拿英国政府当回事，驳回了它的要求。当地法院说，在澳大利亚出版不会影响英国的安全利益。更使英国政府恼怒的是，英国国内的《独立报》、《伦敦每日新闻》和《旗帜晚报》，不久就连篇转载了该书的许多内容。政府立马向英国法院起诉，认为法院以前发布的禁令同样适用于这些小报，认为这些小报犯有蔑视法院罪。

几轮官司过去了，英国政府连连败诉。最后，就在英国的最高法院——上议院里，英国政府还是被驳回了要求。英国法官说，第一，在法律面前，政府和其他团体一样，不存在可以不受法律约束或其他特有的权利；第二，法律是严格准确的，禁止出版书的禁令不能适用于报刊的部分转载，否则将会影响报刊的权利。

其实，这桩小案谁赢谁输是次要的，重要的是一种“全法治”的精神，在法院眼中，法律在政府之上，而且政府和其他人一样并不与法律有亲近的关系。

我们不必因为中国历史上没有一种“全法治”而感到自卑，也不必因为有一种“半法治”而感到不安，但是真要好好想一想哪种更好。

《时代周刊》水门事件新证据封面报道

政府旁边的法院

政府也会犯错误，这是不争的事实。无论是东方人还是西方人对此都表现出了“宽宏大量”。当然，大家也都希望找个办法，以使政府少犯错误，或在错了之后能得到纠正。对人的基本看法“充满信心”的一般选择“让政府自己教育自己，自己纠正自己”的办法；而对人的基本看法“缺乏信心”的，则选择了“让旁人教育，让法院纠正”的办法。

这恐怕就是“政府里边的法院”和“政府旁边的法院”两种不同传统产生的一个缘由。

1972 年，美国总统尼克松准备竞选连任，其手下助选人员求胜心切，不惜采用“偷鸡摸狗”的办法，在政敌民主党竞选总部所在地华盛顿水门办公室装置窃听器，试图截获有关情报。谁料，没过多久，窃听器便被人发现，窃听人员也被当场拿捕。这就是世人皆知的“水门事件”。

事发后，检察官快刀斩乱麻，立即将几名窃听分子送上法庭。令美国人深感气愤的是，尼克松本人不仅没有对手下有关人员严加训斥，令其坦承过失，反而还纠集谋士商讨对策，希望大事化小，小事化了。但是，由于白宫内时常装有录音装置，尼克松与谋士就如何掩饰丑闻的谈话被一五一十地录下了，录音带数量达60多份。显然，这些录音带是证明犯罪的重要材料。

哥伦比亚特区联邦法院为了顺利审理案件，要求尼克松配合法院，交出全部录音带。然而尼克松却称，总统有绝对的行政特权，而且交出录音带有损公众利益，于是拒绝交出。法官斯里卡哪管这些，照发传票，判令尼克松在数日内将录音带如数交到法庭。

尼克松不服，将官司闹到美国联邦最高法院。他以为，联邦最高法院不会像下级法院那样一点面子不给，并坚持自己作为总统应享有特权。可是，联邦最高法院似乎非要给尼克松一点颜色看看，以合议庭8：0的投票结果判决维持原判。联邦最高法院大法官说，如果总统拒绝交出录音带，则构成妨碍正常法律程序的罪名。在美国，上至总统，下至平民，在法律面前是完全平等的，法院就是法律的象征，任何人不得违背法院的判决。至此，尼克松知道再也不能与法院作对下去了，几天内便将录音带交给了法院。后来，那录音带只播放了一段，人们就知道尼克松在“水门事件”中是极不光彩的。尼克松本人也知道难辞其咎，不得不宣告辞职。

当年的美国人，一方面为尼克松扼腕叹息，另一方面又深为美国法院“公正堡垒”的形象而感到自豪，更为法院能在旁边“看着”政府而感到放心。

西方人一般相信，纠正以及防止政府犯错误的最好办法，就是“以权力制约权力”。而“以权力制约权力”首先表现在法院存在于政府旁边。如果法院存在于政府之中，那人们只能寄希望于政府及其人员的“道德自律”了。

美国联邦最高法院大法官约翰·马歇尔

政府的承诺

差不多两百年前，美国联邦最高法院审理了一个十分有名的案子——达特毛瑟学院诉乌德华案。这个案件通过一个普普通通的教育机构的命运，表明即使是政府，作出了承诺也不得反悔。它刺激了西方法律文化里的一个兴奋点：在法律面前，政府与平民一样，只能说一不二。

1769 年，也就是美国独立之前，英国国王乔治三世核发了一份特许状，准许达特毛瑟学院设立董事会，而董事会有权决定院长的人选及其他重大事宜。几十年后，有那么一个由董事会决定的院长，因学校经费、教学及管理等方面的事情，总与董事会发生摩擦。院长觉得董事会碍手碍脚，董事会觉得院长独断专行，矛盾日益激化。后来，院长向州议会告发，要求彻底清理学院各方面的问题。

岂料，州议会觉得这位院长和董事会都不怎么样，没过多少时日，便发布了一项法律，撤销了英国国王的特许状，同时命令学院停办，解除院长职务，学院改为“大学”；还重新发布了一个特许状，规定增设 9 名由州议会委派的董事会成员，并设州议会委派的 25 名监事，这些监事对董事会决定有否决权。

新委派的董事会及监事狐假虎威，借州议会法律之势，大步跨进达特毛瑟学院，将旧董事会赶出学院。就在这时，有个原学院秘书兼财务的叫作乌德华的小人，投靠了得势的一方，并且将学院的印章、文件及账本交给那帮人作为进见礼。

上述种种事情使学院诸位原董事愤怒不已。他们决定，告到法院，讨回公道。他们的起诉要求有两个：第一，乌德华必须返还侵占之物；第二，州议会必须撤销有关的法律，恢复原特许状。主要理由是：原特许状是政府核发的，这本身便是一种承诺，现在州议会作为政府改变特许状，是出尔反尔；平民之间的承诺必须遵守，为什么政府与平民之间的承诺就可以反悔？

官司几经周折，最后到了美国联邦最高法院。大法官马歇尔威然站立，说，最初董事会向作为政府的英国国王申请特许状，目的是自筹资金建立私立学院，而英国国王发布的特许状应视为一种回应“要约”（董事会申请）的承诺。双方已有契约关系。现州议会作为政府改变特许状，显然是毁约。在契约上，政府与平民一样，必须遵守自己作出的承诺。政府根本没有改变承诺的特权。随即判决达特毛瑟学院胜诉。

在西方的法律文化中，政府被认为除了为公共利益进行管理之外，别无特权。就是在管理中，政府也要遵守自己的承诺。政府是为民众权利而产生的，不能随意破坏民众权利。这种有关政府承诺的观念，似乎和东方传统政治文化形成了有趣的对比。历史上的东方政府的“回答”时常不存在“承诺”的含义，而只有“赐予”的含义。

“上下关系”还是“契约关系”？

契约这东西现在我们常常叫作“合同”或“协议”。如果两人之间作出了某些约定，像“你应做什么”“我必须做什么”“你做完之后应有什么收益”“我做完之后有什么好处”等，那么两人就被一个契约连在一起了。不过，就契约观念来说，中国人一般只知道它属于私领域（如买卖、租赁、承包、委托），因为我们从不认为在公领域（如国家管理）中也有契约的问题。

可西方人时常会认为公领域也有契约。

1642 年，英国正在闹“光荣革命”。正是那年，一个叫普拉敦和一个叫吉安的两个英国人签订了一份委托管理契约。契约规定，普拉敦委托吉安看管房子和花园，吉安要定期修缮；在每年的年底，普拉敦将管理费寄给吉安；看管期限为20年；如任何一方违约，则依约受罚。没过多久，“光荣革命”结束了，在新政府的统治下，普拉敦和吉安照旧履行着他们的契约。

根据这个契约，我们可以看出，双方都有权利和义务。而对吉安来说，应该严格履行契约规定的义务，否则便不能得到管理费甚至受罚。可能商品经济太发达了，不少西方人在思考人的关系时总先想到契约；总想到契约的思维定式又使他们提出这样的问题：为什么政府不能成为契约的一方当事人呢？

有人会说，在委托管理契约中，政府当然可以像吉安一样成为一方当事人，政府完全可以收取管理费从而看管房子和花园。

但是，那些西方人在提出问题的时候意思不是指这类仍属私领域的契约；他们是说，政府在管理国家的时候，为什么不能和民众有一个“社会契约”的关系？这个关系表明，如果政府不合格，民众有重新选择的权利。这就是讲，不仅普拉敦和吉安之间有个契约问题，而且他俩和政府之间也有个契约问题。“光荣革命”后的新政府不单是统治者，它和被统治者之间也要讲个权利义务的契约。

为什么政府也要讲契约？这些西方人为回答这个问题编织了一个“古代故事”：远古时期人们处于自然状态中，后来大家为了共同生存便签订契约组成社会，再后来又与政府签订契约授予政府权力。由此看来，政府是基于契约而产生的，政府（不论是先前的还是后来的）也要遵守契约。

西方人就是以这种方式讲述“权力是人民给予的”，同时以此告诫在公领域不要想到“上下关系”，而要想到“契约关系”。当然，西方人也知道有些政府是靠“暴力”起家的，然而他们还是要这样讲，因为他们特别希望政府的基础具有“正当性”。

美国联邦最高法院建筑物正面图

法院的审查权力

从我们中国的常识观点来看，一个规则要成为法律“家族”的一员，应由立法机关制定或认可。反过来说，只要立法机关大笔一挥或举手通过，法律“家族”就多了一名成员。无论怎样，这些“成员”的资格与法院无关。但是，在西方国家，有时法院（一般是最高法院）非要查查立法机关制定的规则是否具有法律“家族”的成员资格。它们通常手执宪法，左审右审，如果一条规则在它们看来不合宪，它们就会取消这条规则的“家族”资格。

1801 年美国联邦最高法院首席大法官马歇尔亲自审理的马伯里诉麦迪逊案，就是这样一个事例。

那年，美国总统亚当斯准备离任，新总统杰弗逊准备上任。旧总统离任前，一下子任命了 17 名治安法官，命令上不仅有总统签名，而且有国务卿大印。谁知，17名法官的任职令居然到新总统上任时仍未发出。这批任职令后来落到了新国务卿麦迪逊的手中。麦迪逊不好拿主意，便问杰弗逊怎么办，杰弗逊说："作废！"

17名法官名册中有一个叫马伯里的人。此人勤勤恳恳，兢兢业业，但官运平平，直到快退休了才被任命为不大不小的治安法官，岂料前任总统和国务卿又贵人多忘事，把自己好端端的前程视如鸡毛蒜皮。马伯里不服气，去找麦迪逊理论，要求将任职令发给他。他以为，亚当斯在位时签了字，前任国务卿也盖了印，新国务卿就有义务将命令发给他，但是，麦迪逊还是说："作废！"

马伯里只好向联邦最高法院状告麦迪逊。他的诉讼理由有一个：联邦最高法院在法律原则和习惯所允许的范围内，应向联邦政府现职官员下达令状，要求其履行法定义务。而这条理由正是1789年国会制定的《司法条例》第13条的规定。

马歇尔主持的联邦最高法院受理了此案。可是，马歇尔非常奇妙地提出了自己的法律观点。他说，第一，马伯里有权担任治安法官，因为任职令已有总统签字和国务卿印章；第二，在其权利受到侵害时法院应该提供法律救济；但是第三，提供救济的不应是联邦最高法院，因为，《美国联邦宪法》第3条第2款规定，只有在驻外国大使、公使、领事以及州政府为诉讼当事人时，联邦最高法院才有初审管辖权，而马伯里不属于这一范围。一句话，联邦最高法院不能在初审中对马伯里提供法律救济。

那么，《司法条例》第13条怎么办？它要求联邦最高法院应当提供法律救济。马歇尔毫不客气地说，这条规定变相地扩大了联邦最高法院的权力，不符合《美国联邦宪法》第3条的规定，因而无效！这就是说，法院可以认为第13条规定不具有“家族资格”。

此案中有许多法律问题可研究，不过，我们在此只需注意法院有权审查立法机关制定的规则是否合宪这一问题，它是西方颇为重要的一个法律文化现象。西方人说，这样有两点好处：第一，宪法是国家的根本大法（一般全国通过才生效），是老百姓直接意志的体现，而立法机关制定的规则是立法代表们的意志体现，合宪性审查可以防止代表意志超越百姓（被代表人）意志；第二，可以保持一般法律在宪法之下的统一性。

少数人的权利

四五年前的一个3月1日，美国纽约市市长戴维·丁金斯郑重宣布，市政府将对男女同性恋者之间的长期承诺和爱护关系予以承认。这意味着，同性恋完全可以具有异性恋那样的家庭关系。纽约市的同性恋者雀跃欢呼。就在第2天，106对同性恋者便到市政府申请结为“百年之好”，并签署了“家庭伴侣协议书”。市政府官员还特别祝福他们能像传统的夫妇那样相亲相爱。这106对同性“结婚”者，可以说是世界上第一批获得法律承认的同性恋家庭成员。

根据市长的法令，同性“家庭伴侣”可以收养子女，相互继承家庭财产；如果是市政府的雇员，还可以和其他雇员一样同工同酬。可以说，异性婚姻家庭享有的权利，同性“家庭伴侣”同样可以享有。

众所周知，数百年来，同性恋从未得到过大多数人道德上的认可，更不用说国家法律的认可了。不少人认为，同性恋完全是心理上的一种变态反映，这类恋人放着符合自然规律的异性恋不去享受，偏要寻找邪门歪道的刺激，显属败坏世风，而且，异性恋是人类繁衍后代的基本方式，同性恋根本不具有这样的功能。

而同性恋者以为，同性恋本身就是人类感情的一种表现，从感情需要上来说，异性恋并不比同性恋具有优先的地位；至于繁衍后代的功能，这也不是异性恋应得到认可而同性恋不应得到认可的一个理由，因为，现在越来越多的男女婚姻并不是为了生孩子，而是为了让感情“停泊在一个港湾里”，为什么异性恋者有这种感情的权利而同性恋者就没有？

明眼人可以发现，除了大多数人不喜欢之外，似乎不能找出其他的否定同性恋的充分理由。其实，许久以来，正是因为大多数人不喜欢，所以同性恋才遭致了法律的摒弃。

在西方的法律文化中，大多数人的意见的确是法律得以产生的重要依据。但是，西方人还有这样一种观念：法律不仅要关心大多数人，而且要关心少数人，因为法律是跟所有人有关的。他们相信，少数人的权利同样是一种应予承认的权利。

那么，怎样调解大多数人的意见与少数人的权利之间的冲突呢？换句话说，在什么条件下才可承认少数人的权利呢？

某些西方人认为，如果一个人的所作所为不会影响他人的自由，那么他便应享有这个行为的权利。另外有人认为，当大多数人的利益不足以成为否认个人行为的充分理由时，个人就具有了权利；而且不难想象，正像少数人的意见有时会变成多数人的意见一样，少数人的权利有时也会变成多数人的权利。总而言之，大多数人的喜恶似乎不能作为个人权利的唯一立法依据。这也许正是同性恋者得以雀跃欢呼的深层基础。

因此就不难明白，为什么在西方文化中人们时常会听到这样一种声音：认真地看待权利。

女人和男人一样？

在现今西方的社会问题争论中，人们较多涉及的一个问题就是男性权利和女性权利，而一旦话及权利，这又成为法律问题了。从表面上看，西方国家有关男女权利平等的法律改革运动早在20世纪七八十年代以前就开始了，而且，现在大多数法律也都明文标注男性和女性在许多方面都是平等的（如同工同酬、婚姻自由、生育自决、择业机会均等），还有法律规定了女性特有的某些权利（如堕胎自由、离婚可多分财产）。那么，为什么西方人还要争论这些问题？是不是男女平等并未真正实现？

可能是这样。你瞧，近几年，不断有呼声要求取消所谓各类法案中的男女平等、反性别歧视等规定。在美国，有人说，20世纪六七十年代出笼的想要保护女性教育及就职权益的“反歧视条款”将不可避免地降低美国的学术水平，因为，根据相当一部分专家教授的推测，女性的大脑容量的确低于男性，如果允许女性不断进入学术界，则学问迟早会退化到一百年前。这些人居然“言行一致”，把这种看法拟成草案交予国会，而国会也真的讨论起来，大有修正甚至取消“反歧视条款”之势。

又有人呼吁，取缔男女平等工作之类的法案。为什么？他们说，鼓吹男女平等工作的法案实际上仅仅有利于少数女性，这些女性往往是那些上流社会的、精英的、功名心盛的处于传统婚姻模式之外的职业女性。而大多数女性的想法和追求与职业女性不同，她们总是希望呆在家里生儿育女，不希望在社会上闯荡从而与男人一样被平等看待，她们从来都是期待有一个踏踏实实的小家庭。对她们来说，家庭是躲避社会危机的重要保障。所以，鼓励女性走入社会的平等工作法案，与其说是给予大多数女性权利，不如说是暗中剥夺她们的权利。

看来，真正实现法律上的男女平等实在不易，起码得对上述那些看法有个较为彻底的学理颠覆才行。

这样，有些西方女权主义者想出了两个颇有意趣的驳斥理由。第一，他们认为，男性沙文主义或男性霸权肯定是硬将一些本属猜测的东西归之于男性的本质或女性的本质。换句话说，尽管男女生理有别，但依赖感、非理性、温柔、感情用事之类的东西并不是女性与生俱来的本质，而勇猛、理性、客观等也不是男性的本质，大谈女性或男性的本质如何如何，纯粹是男权分子的形而上学式的偏见，因为并无实验的证据证明这些。第二，他们说，女性有时显露的依赖性、非理性和软弱性等，完全是男权意识形态占统治地位的社会造成的，在男权意识形态诱导下，女性才不自觉地自塑为“依赖”“不愿理性思考”“软弱”等。

一言以蔽之，每个男女个人都可以是千姿百态、千差万别的。如果看到一个男性表现出感情用事、软弱依赖，或一个女性刚强理性、意志坚决，一点也不应该感到奇怪，这是十分自然的。

在中国，我们也早就在法律上大书特书男女平等了。然而，我们也苦恼为何在实践中女性时常遭到歧视（如择业）。或许，我们也应在法律的文化背景上来一番反思。显然，假如认定了在价值上男女平等观念是不可动摇的，那么，就应找到一些有力的学理来营造相应的文化背景。我想，上面女权主义的两个驳斥理由是可以“拿来”用一下的。

代表俄勒冈女工一方的美国布兰代斯大律师

俄勒冈州女工的胜利

有不少人认为，在西方国家，尤其是美国，妇女从未像中国近代以前那样受男人的歧视。“男女大致平等”的观念，在洋人那里早已是源远流长。其实不然，妇女真正受人尊重，至少在美国，恐怕是20世纪才开始的事情。美国穆勒诉俄勒冈州一案从侧面说明了这一点。

1908年，一位从爱尔兰移民美国的女工，与美国俄勒冈州一家洗衣店的老板穆勒签订了一份雇佣合同。合同约定：女工每日工作时间为14小时，否则老板有权拒付工资。

由于工时过长，这名女工身心憔悴，健康每况愈下。在实在无法忍受的情况下，女工终于向老板穆勒提出减少工时的要求。但是，穆勒断然拒绝了女工的要求。穆勒说：当时签订合同那会儿，双方完全是你情我愿，我可没有逼着你在合同上签字！

女工无奈，只好去俄勒冈州法院要求法官主持公道。女工起诉的一个重要法律理由是俄勒冈州政府已经颁布了一项法律，其中规定了女工最高劳动时间，而她与老板穆勒签订的合同明显违反了这项法律。然而穆勒认为，俄勒冈州的法律违反了美国联邦最高法院以往一系列有关契约自由的宪法性质的判决，因此，反而认为这项法律违宪无效。

官司经过州法院及联邦下级法院两审，女工与穆勒各有胜负。判决穆勒胜诉的理由是：以前也出现过有关女工劳动时间的类似案件，联邦最高法院都以契约绝对自由为由，判决女工必须遵守合同。

官司最后到了联邦最高法院的手里。代表女工的律师是美国著名大律师布兰代斯。布兰代斯搜集了大量的女工身体状况的资料。这些资料表明，由于工时过长，许多女工身体健康急剧下降，已达到了惨不忍睹的境地。在法庭上，布兰代斯义愤激昂，指出女工个个面如菜色、体弱多病，甚至残废和无法生育。他将女工们一幕幕凄惨的景象绘声绘色地说给法庭上的每个大法官听，并且希望大法官们以欧洲中古骑士的胸怀和姿态，去保护这些弱小的女人……

大律师情文并茂的辩词，终于打动了大法官们的心弦，女工终于最后胜诉，俄勒冈州的女工福利法获判有效。

此一案例，在美国开了保护妇女基本权利运动的先河。在过去，女工在承担义务时与男人并无两样，而权利却是差远了。现在则不同，不仅义务相对男人而言减少了，而且男人没有的权利女人照样享有。所以，虽然案件的判决已近一百年，可是美国人仍时常把它挂在嘴边而津津乐道，并且以此为例案，告诫人们注意妇女权益得之不易和大有继续争取女权之必要。

哥伦布初次登陆新大陆，本画由圣萨尔瓦多于 1862 年所画

权利：天生的和永恒的

“权利”这个词现在特别时髦。有人说，时下中国法律观念的静悄悄的革命，就在于从“义务”观念走向“权利”观念。过去，我们只知道“应该或必须做什么”，而很少或不知道“可以做什么”。现在，我们变得总是知道“可以做什么”，以至于快忘掉了“还应该或必须做什么”。消费者的权利、被告人的辩护权利、向政府提出建议的权利、离婚自由的权利、名誉受保护的权利……这些声音时常响彻在我们的耳边。

毫无疑问，这种说法是颇为鼓舞人心的。

不过，当我们谈论这些权利时，我们头脑里想到的是“法律上的”权利，我们总以为，权利就是法律给予的。换个讲法，除了法律给予我们的权利之外，我们似乎不大知道还有什么其他权利，更不用说知道法律为什么可以给我们这些权利。

在西方人那里，倒是存在法律权利和另一种权利即自然权利之间的区别。

16 世纪，西班牙的萨拉曼卡城住着一位著名的法学家，叫弗朗西斯·德·维多利亚。此人虽专事学问，但也时常给皇亲国戚出谋划策，那些日子，哥伦布发现新大陆还没多久，西班牙就已开始盘算怎样统治土著印第安人了。一天，国王把维多利亚叫到身边，说新大陆的土著人实在不好管教，因为他们根本不信基督教。国王决定用铁腕政策来征服印第安人，他的根据是：他们没有文化，就教养而言实在无法和地道的西班牙人相比。国王还说，要在法律上剥夺他们的财产所有权，不能让他们成为财富的法律主人。

可是维多利亚却认为不能这样做。他指出，随意对土著印第安人使用暴力剥夺财产所有权实在是不应该的。因为，他们像西班牙人一样具有人性和理性，他们的人性和理性决定了他们具有先于法律权利的自然权利；这些人具有的权利，不是由国家的法律决定的，而是自然存在、与生俱来的。

据说，国王虽然没有接受维多利亚的理论，但出于策略上的考虑，还是对印第安人采取了“胡萝卜”式的怀柔政策。

西班牙人在新大陆的结局虽说不那么辉煌，可维多利亚的观念却通过这段历史传给了后人。英国的思想家洛克以及北美独立战争时的领导者们，都曾如出一辙地反复宣扬自然权利的第一性。从那以后，许多西方人都坚信，他们的某些权利是天生具有的，不论国家的法律是否承认，这些权利都是永恒的。他们后来更引申了自然权利的观念：国家法律必须尊重某些最基本的自然权利，因为国家制定法律权利的权力本身也是自然权利的授权，而且国家制定法律权利只能是对人们原有的自然权利的肯定，而不是什么恩赐。依这种看法，光记住法律权利显然是不够的，还要记住其背后的自然权利。

死刑的存废

数年前，希腊有个名叫帕帕多普勒斯的律师，开了一间“公司”，专门在富裕的孤寡老人身上谋财害命。帕帕多普勒斯精通法律，明白在法律上什么样的条件才是有效的。他雇请了许多方面的专业人士，包括医生、会计和工程师等，由他们“各司其职”，去完成整个杀人夺财计划，同时保证表面上的合法性。

这伙人作案手段卑劣而又狡猾。他们一般先以慈善家的面目接近本来就希望被人接近的老人，装作十分关心的样子，给老人送鲜花，送生日蛋糕，或者献殷勤、攀亲戚。然后，当老人正处在温暖之时，他们就凶相毕露了，要么恶言勒索，要么暴力直逼，直至老人被迫交出已有的遗嘱，由帕帕多普勒斯改写为将所有财产捐给“公司”。

接下来是老人被毒死，“公司”的“法医”出具因病自然死亡的证明。就这样，先后有8位老人惨遭毒手。

苍天有眼，帕帕多普勒斯及其同伙最终还是落入法网。而且，法院判处首犯帕帕多普勒斯8次死刑——当然只能执行1次。

无独有偶，在荷兰也曾出现过类似的一名十恶不赦的杀人狂克鲁斯。但是，不同的是，克鲁斯杀害的全是小孩。此人先是以物质诱骗孩子，然后以孩子作为人质威胁父母交出钱财，待得手后便将孩子害死。更为不同的是，克鲁斯最后只是被判处终身监禁，并未遭到死刑的惩罚。

杀人偿命，这在中国人看来是天经地义的。所以，对帕帕多普勒斯的死刑判决，我们定会举双手赞成，对克鲁斯的终身监禁则会疑惑不解。其实，从古至今，大体来说，我们中国人从未怀疑过杀人偿命这类恶有恶报的信条；而在西方国家，几百年来，人们总是不断争论对恶人应不应该废除死刑，即使对上述那类不杀不足以平民愤的人来说，也是如此。这种争论影响了一些国家的立法者。所以，在克鲁斯的国家，杀人犯可以免遭死刑的惩罚。

赞同废除死刑的人说，废除死刑的理由太多了。首先，死刑只能助长人性的残忍。你瞧，坏人杀了好人，好人又杀坏人，这岂不是“人杀人”恶性循环？这不冲淡了人道主义的思想感情？其次，刑罚的目的在于防止犯罪，而不在于杀掉罪犯，罪犯是有可能重新做人的，杀掉他就等于杀掉了这种可能性。再次，从古代开始，死刑在一些国家从未被禁止，可是在这些国家里，杀人犯却从未绝迹，可见死刑并未起到制止杀人行为的作用。最后，人的行为的确要受约束，可这并不意味着人的生命可以由国家来剥夺，因为国家是经过人们的赞同而建立起来的，个人不可能会将生命权交给国家处置……

从发展趋势上看，虽然有的国家没有废除死刑，有的国家废除了又恢复，然而，废除死刑的国家似乎真是越来越多了。

我们可以反驳赞同者的种种理由，并且认为就国情而言，当今中国的死刑完全不可废除；但是好像不能说，作为人类的一种终极追求，废除死刑的想法太过迂腐，对待杀人犯施以留命就是不可理喻。因为，我们如果想要在将来彻底防止杀人行为的出现，就应该具有彻底的人道主义理念。

亨利·梭罗肖像照

善良违法

大概是20世纪五六十年代，有个叫亨利·梭罗的西方人发表了一篇著名的演说。其中讲到，一个在道德品质上无可指摘的人，面对要求人们违反公平、损害他人的法律，完全可以拒之不理，甚至不服从它，违反它。当然，违法的方式必须是理性、非暴力的，而且违法者必须有勇气接受法律的惩罚。他用了一个词来说明这种违法行为：善良违法。正是从那个时候起，这个词便在西方国家的政治领域中时常出现，不少人还真的以此为口号“以身试法”。

大约是1970年，居住在英国威尔士地区的相当一部分居民，因为不满电视台播放的一些节目而拒绝按政府规定交纳电视接收费。原来，威尔士语与英格兰英语有很大区别，威尔士地区的居民习惯用威尔士语，听英格兰英语特别别扭，可电视台就喜欢播放大量英格兰英语节目。这些居民不断向电视台及当地政府反映意见，要求作出一点调整，起码不要让威尔士语的节目太少了。电视台及当地政府却对此毫无反应。居民们出于无奈，开始拒绝交纳电视接收费。

纠纷最终闹到了法院。有意思的是，初级法院的法官十分同情居民们，他们虽然觉得按照法律规定，居民肯定是要交费用的，但还是在要求其补交费用的同时免除了对他们的处罚。

依政府规定，电视接收费要按时交纳，否则不仅要补交，而且要予以处罚。初级法院的法官看来是网开一面了。正因如此，英国高等法院下令撤掉了一批同情居民的法官，并在上诉审中判决加上处罚。而居民则毫不犹豫地表示：宁愿接受处罚也要继续拒交电视接收费。

当然，在这里我们只关心这样一个问题：居民应不应该或可不可以违法拒交电视接收费？

有人会说，不行。他们认为，对于法律，不论觉得怎样不好，都应该遵守，有啥意见完全可以用舆论方式通过法律允许的途径向政府反映，那种违法行为无论在政治上还是在道德上都不应得到赞许。在我们的脑袋里,这种说法是最容易被接受的了。

可是,有些西方人却认为,由于法律的要求与政治愿望和道德愿望时常存在差距,法律上的评价和政治及道德上的评价也应有所不同。在法律上,居民的违法行为是不应赞许的;在政治和道德上,则是可以赞许的。因为,居民们没有使用暴力,他们完全有勇气接受法律的制裁。而且,他们的行为是在非常有益地以略为刺激的方式提醒政府考虑自己的法律政策(有时简单的意见反映是不能起到这种有益的刺激作用的),这完全有利于法律的修正与改革。应该意识到,当人们使用善良违法的方式表达意愿时,他们的政治及道德的要求是相当迫切的,这本身恐怕已足以使政府反思自己的法律与政策。

最大多数人的最大需要

人类为什么要制定法律？这个问题可以有许多答案。有人说，是为了保障公民的权利；有人说，是为了社会有个秩序；有人说，是为了“定分止争”；还有人说，是为了创造财富。其实，怎么说都可以，因为法律的目的本身就是多种多样的。但是，就整个社会而言，这些目的或曰价值是不是有个先后顺序？

有些西方人认为，首先应该注意“秩序”。我们举个例子分析一下，看看他们说得有没有道理。

假设有那么一天，一位非常红火的歌星来到一个小城镇演出。地点选在城镇里的一个大剧院，由于种种原因演出只能举办一次。在演出前，演出公司和广告公司大做广告，将歌星捧得天花乱坠。当歌星进入小城镇的时候，他受到了最热烈的欢迎。小城镇的所有人都想一睹歌星演出的风采。显然，此时最为重要的问题是，怎样满足小城镇人们的需要。

应当承认，小城镇的每个人都有观看演出的权利，大家都是平等的嘛。然而，承认这一点似乎不能解决问题。那歌星只能演出一次，而且只在剧场演出，要保障某些人的权利就必须牺牲另外一些人的权利。所以，以公民的权利作为思考的出发点好像不行。

有人会说，上述想法不成，我们就来个“定分止争”，指定某些人去看，某些人待在家里，在以后设法补偿没能观看演出的人。这样可能也不行。有什么理由让一些人去看，而让另一些人呆在家里？以后补偿的办法对某些人来说也可能是不公平的，因为这些人也许觉得没有什么可补偿未能观看的损失。

那就增加演出场次，或将演出地点搬到能容纳所有人的地方（创造财富式地增加“供给”）。这也难办。歌星说，明天就要去另一个城镇演出，那个城镇的歌迷也在等着他。将演出地点移到能容纳所有人的地方，演出依赖的器材就会无法发挥应有的效果功能，这等于是所有人都看不成像样的演出。因此，“创造财富”也无法作为首要的依据。

如此看来，似乎应该先考虑“秩序”。“秩序”就是让人们有个先来后到，让人们在享有权利的过程中避免混乱的状态。可以发现，在目前这个小城镇，较好的办法之一便是首先让人们排队买票。这个办法既没有否定每个人观看演出的机会（想要得到票就早点来排队），又最大限度地满足了观看的需要。

主张“秩序”优先的西方人说，之所以这样思考，就是因为地球只有一个，而我们的人是那样地多，在许多情况下难以满足所有人的需要。如此，只好尽可能地照顾最大多数人的最大需要。从另一个角度来看，就共同的需要而言，人们的利益总会发生冲突，因而同样地要照顾最大多数人的最大需要。

不论是在西方还是在中国，“秩序”也许的确是首要的。我们一定会发觉，没有“秩序”，一切恐怕真的无从谈起。

航运业的命运

1801年，美国纽约州议会通过了一项法律。它规定：纽约州富商利文斯顿和富尔顿二人的汽船在纽约境内河流中享有独占的航行权，期限为30年。不久，该议会还作出了补充规定：凡未经两富商同意而航行者，两富商可将其拿捕押送州政府。这项法律的严重后果是：凡与纽约州水域相通的州际航道将受制于纽约州的航运独占制。因为，其他州的船只必须要得到独占者的同意，才能从其他州水域进入纽约州水域。

1815年，新泽西航业商人奥格登，为使自己的船舶能够往来于新泽西州的伊丽莎白镇和纽约州的哈德森河，便与上述二人签订了独自租赁这条航道的合同。但是，没过几年，新泽西另一航业商人吉朋斯为与奥格登在商业上比个高低，斗胆在伊丽莎白镇的河边建造了一个码头，使其船只同样往来于奥格登租赁的航道。吉朋斯的行为同时好像在告诉人们：必须打破航运独占制！

久而久之，吉朋斯不仅和奥格登，而且和利文斯顿及富尔顿，发生了船只航行权的纠纷。利文斯顿和富尔顿手持州议会法律这把尚方宝剑，奥格登则狐假虎威，要求吉朋斯的船不得再驶入纽约州。而吉朋斯一不做二不休，将奥格登、利文斯顿和富尔顿一并列为被告，向纽约州法院起诉，向整个航运独占制提出了挑战。

吉朋斯认为，根据《美国联邦宪法》第 1 条第 8 款“商业条款”之规定，对州与州之间的通商，州议会自己无权制定法律管制，只有国会才能作出规定。因此，自己的船舶有权航行。纽约州法院却认为，当国会对自己有权管制的事物不作规定时，州便有权作出规定。所以，利文斯顿和富尔顿的独占权是神圣不可侵犯的。吉朋斯败诉。不过，吉朋斯并未气馁，鼓足勇气将官司打到了美国联邦最高法院。

由于此案关系航运独占制的命运，那几年，美国上下无不为此案的每一步发展而激动不已。《纽约商报》曾向读者保证，将每小时打听案件的审理进展，及时报告最新发展。

出人意料的是，首席大法官马歇尔在审理中认为，纽约州法院的判决理由是错误的。国会不作某项规定，并不意味着国会放弃了这一权力，也不意味着将权力交给了州议会。于是，奥格登一方将策略转向《美国联邦宪法》"商业条款"中"商业"一词的解释上。他们认为，"商业"的含义就是"买卖"，与客运、航运无关。而马歇尔照样不以为然。更为出人意料的是，他说，"商业"是指"互通"，并不限于"买卖"。有关"互通"的问题当然属于国会管制。在马歇尔的主持下，联邦最高法院最终判决吉朋斯胜诉。

马歇尔主审的判决意义深远，不仅宣布了航运独占制的"寿终正寝"，而且使当时以及日后的所有州际通商所用的运输工具和通信工具，包括飞机、火车、电话、电报等，无不受制于国家的整体管辖之下，从而获得飞速的发展。甚至旅游、大众传媒等事业的发展亦因此案的判决而获得国家统一的保护，不受各州私利的侵犯。美国人至今都认为，虽然马歇尔对法律的解释太过勉强，但是，对国家来说此案判决实在是有益而无害。

公法与私法

1983年，在法国里昂的一条高速公路上，一名叫迪隆的青年正驾驶着一辆集装箱大卡车在飞速行驶。很巧，他的女朋友也驾驶一辆轿车行驶在这条公路上。于是，两人并排开车聊天。没过一会儿，一名警察开着警车拦住了去路，让他俩下车，说明他们违反了高速公路最低时速规定（每小时不得低于110公里）和不得并排行车的规定，并开出了一张罚款单。迪隆不服，说自己并排行车不对，但车速每小时没有低于110公里，而且还去法院和警方打了一场官司。

1969年，英国的一位名叫赫斯特的服装设计师和一家服装加工厂签订了一份服装设计合同，双方约定，赫斯特在一年内为加工厂设计40套大众化时装。谁料，那两年的英国服装业不景气，加工厂赔了大笔钱，于是老板就想赖掉一部分设计费。赫斯特当然不含糊，将那加工厂狠狠地告了一状。

我们会发现，这两个小案子有一个颇为重要的区别：在前者中，迪隆和警察的纠纷是因为警察想管管他，他们之间有一种管理和被管理的关系；而在后者中，赫斯特与老板的纠纷是因为老板想赖账，两人在签订合同时完全是自由平等的关系。

这种区别很早就被西方人发现了。虽然在古罗马时代，世上还没有高速公路和今天所说的时装设计，可是那时的一位名声显赫的法学家乌尔比安就讲法律可分为公法（与第一个案子有关）和私法（与第二个案子有关）。他告诉人们："宪法是有关罗马国家稳定的法，私法是涉及个人利益的法。事实上，它们有的造福于公共利益，有的则造福于私人。"

将法律分为公法和私法有什么用处呢？即使不区分，法律不也是照样自然而然地运转？这是很容易提出的问题。其实，在很久以前的法律理论中，这种分法的确不过是一种学理上的事情，它只想告诉研习法律的人可以用这种分法认识法律现象。

但是，后来有些西方人发觉，这种分法在法律文化的发展中也可以发挥十分重要的价值导向作用。他们认为，如果一个社会可以分为两个部分，即政治社会（国家管理贯穿其中）和市民社会（主体自由贯穿其中），又如果市民社会中的自由交换或自由交往是经济发展的重要条件，那么，根植于政治社会的公法最好少管市民社会的事情，在后者里面私法已足够了。换句话说，国家最好少干预市场经济的发展，应明确知晓公法是干什么的，私法是干什么的。假如不知道这种区分，便容易用法律进行“帝国式”的统治。

眼下我们都知道，法律在西方市场经济的发育和发展中起到了举足轻重的作用，可是有时我们尚未意识到，公法与私法一分为二的观念在其中的作用可能更为直接。中国现在也在发展社会主义市场经济，如果我们思考一下这种分法的作用，或许真会有些益处。

法律内外的平等

在戏说性质的野史电视剧《宰相刘罗锅》中，有这么一段情节：刘罗锅拿着《大清律》问乾隆皇上，“偷坟盗墓者斩立决”这一条是否适用于所有人，皇上称“当然是了”，并说“王子犯法与庶民同罪嘛”。然后，刘罗锅左绕右绕，诱使皇上不得不承认因盗明朝陵墓故而也需受罚。后来皇上就表面上来了个“自我发配”。这段情节好像说明，中国古代也时有“法律面前人人平等”的意思。当然，不论这电视剧怎么编，我们都不会相信“万岁爷”可以和老百姓一样站在法律面前。

在西方近代，“法治”观念中的一个重要内容便是“法律面前人人平等”。很多西方人是信奉基督教的，自从新教改革以后，大家都相信在“上帝”面前人人平等。既然在“上帝”面前可以平等，那么在法律面前为什么就不可以平等？所以，从那以后，西方人总是不允许某人可以超越法律之外。同时，“人人”之中自然还包括了统治者。可以发现，这样一种法律面前人人平等的观念的确使不少总统、首相之类的统治者深陷法网。

“法律面前人人平等”，可称为法律外的平等。这种平等注重的是法律适用上的平等，因为，它不大关心法律制定在内容上是否平等。适用上的“法律面前人人平等”很重要，是起码的平等，它标志着人治文化向法治文化的基本转换，能够做到这点已经相当不错了。

还有一种法律内的平等，这种平等讲究法律制定内容上的平等，它同样重要。试想一下，假如《大清律》“偷坟盗墓者斩立决”一条之后加上“三品以上官吏除外”，我们便会感到在这条规定面前讲人人平等就意思不大了。因此，早在古希腊的时候，亚里士多德就说法治取决于两个条件：第一，人人服从法律；第二，法律是良好的。“人人服从法律”当然包含了“法律面前人人平等”的意思，而“法律是良好的”也包含了“法律制定内容上的平等”的意思。亚氏说，两者缺一不可。

有人可能会讲，“法律制定内容上的平等”是不易做到的，要想使每个人都觉得“法律是良好的”很困难。而且，人们时常会有不同的价值观念，你觉得是平等，他可能觉得是歧视；你觉得是良好，他可能觉得是邪恶。如此这般，有人便会以内容上的“法律面前不平等”为借口破坏适用上的“法律面前平等”，法治因而就会逐渐崩溃。所以，谈法治的时候最好是不去理会法律制定在内容上是否平等。

虽然反对者振振有词，但是，不少西方人还是认为，在追求适用上平等的时候必须追求内容上的平等。没有内容上的平等，适用上的平等最终难免形同虚设。至于如何做到法律制定内容上的平等，也不是一点办法都没有，比如通过多数人的民主讨论，总会获得大致的内容上的平等。民主获得的内容平等也正是否定种种“破坏”借口的正当理由。从这个角度去理解的法律内外的平等，恰好是与民主相结合的真正法治。

美国坦帕法院（Tampa County Court House）门前的正义女神雕塑，
雕塑家 Audrey Flack 作品。

法律与公正

一般来说，许多人都认为法律是公正的化身。法律就像一个天平，对什么样的纠纷都会给一个公正的说法。所以，从古到今，人们对法律有时几乎达到了狂热崇拜的地步。但是，法律有时却颇令人失望，严格按照它来办事，就会造成不公正，甚至是助纣为虐。于是，细心的人会发现，洋人在必要时会将法律规定放在一边，运用更高的“公正”原则来判案。

1960 年，美国新泽西州高等法院有一件汽车合同纠纷案。原告是一对夫妇，丈夫叫亨宁森。被告是一家汽车公司。原来，亨宁森夫妇经过多年艰苦奋斗，终于积攒了一些钱，两人商定，买一辆汽车，一来以车代步，二来提高自己的身份，以便日后一改贫穷寒酸的形象，这样，咬着牙用一大笔钱把一家汽车公司的一辆挺漂亮的汽车“拿”了下来。

一个周末，两口子应邀去朋友家做客。一路上，两人兴高采烈。可是万万没想到，就在快要到达朋友家的时候，汽车因零件的毛病突然失控，撞向路边的一个广告标志，车倒没什么大损失，亨宁森却鲜血直流，筋骨大伤。光是疗伤就花了亨宁森近一年的工资。

夫妇俩想这汽车没买多少日子，就出现了这般惨祸，真是又气又恨。于是，两人决定上法院告汽车公司一状，要求赔偿医疗费和其他损失。

谁知汽车公司坦然就诉。而且，在法庭上，汽车公司颇为沉着地把购买汽车合同拿出来，合同白纸黑字写道：“汽车公司的责任仅限于更换有瑕疵的汽车零件，其他一切问题概不负责。”汽车公司称，可以向亨宁森表示道义上的歉意和慰问，但是赔偿问题只能依据合同办。

亨宁森夫妇知道合同是这样规定的，只是咽不下这口气，所以非要讨个法院的“公正”说法。

法院似乎真是善解亨宁森夫妇之意，判决他们胜诉。法院的理由是：(1)契约自由并不是不受限制的一成不变的原则;(2)在美国这样的社会里,生产人们广泛使用的、必需的、复杂的、有潜在危险的产品(如汽车)的商号,对其产品构造、宣传和销售都负有特殊的责任;(3)法院不能允许别人利用法律把自己当作不公平和不公正的工具使用。

其实,根据当时法律的具体规定,亨宁森夫妇是无法打赢官司的。但是法院似乎有一个观念:法律的目的在于公正,而不在于法律本身,因此,当法律不能实现公正时,公正本身便是超越法律的判决依据。

正义女神雕塑（右侧）和法律女神，位于德国最高行政法院（Leipzig Reichsgericht）一个窗户上方的山墙上。

恶法非法

在常人看来，一种规则只要是经过官方的制定或认可，就算是法律了。无论这种规则如何讨厌、如何邪恶，它都不会失去作为法律的资格。这当中隐含的一个意思是：我们可以找到一把尺子来衡量什么规则可以称为法律，或者用这把尺子在法律现象和非法律现象之间画一条界限，而这把尺子又一定不包含我们喜欢或厌恶的价值判断。

名噪一时的英国功利主义大师边沁曾对这种想法大加赞赏，以至于他的学生、法学家奥斯丁毫不犹豫地硬说“恶法亦法”（邪恶的法律也是法律）。然而，另有一些充满激情的西方人针锋相对地说，法律是正义的化身，邪恶的东西根本不能成为法律。颇具刺激的是，第二次世界大战结束后，西方一些法院在审理与纳粹德国法律有关的案件时，还真的拿这后一种观点作为具有“善恶价值”的新尺子，将纳粹德国的法律划在“法律范围”之外。

1945 年，第二次世界大战眼看就要结束了。希特勒手下的一名专司“围捕打击各类敌人”任务的盖世太保分子，仍然穷凶极恶地追杀犹太人以及保护犹太人的德国人。一天，经他人告密，他获悉一对德国夫妇在家里藏匿一名犹太人，便带领数名手下直扑过去，试图将这对夫妇和那名犹太人全部拿捕。当他赶到时，犹太人正准备转移他处，那对夫妇也准备迁居乡下。但这时他们的住处前门已被围得水泄不通。丈夫见状从后门逃出，盖世太保分子举枪射击，丈夫倒在了血泊中。妻子和犹太人则被押送到集中营。没过几天，德国宣布无条件投降。这名妻子获得了自由，但是丈夫的死仍然使她悲痛欲绝。

1951 年，德国联邦最高法院开始审理各类与战犯有关的案件，以示正义。那位妻子在政府的鼓励下，像许多人那样走进了法院，状告盖世太保分子犯有故意杀人罪。可是，在法庭上，盖世太保分子说，他当时杀人是执行公务，执行法律。他还将 1945 年德国国会通过的紧急法令搬出来，说明自己杀人的法律理由——法令讲：“每位德国武装人员，对各类逃犯，负有不经审判即射杀之义务。”他向死者的妻子表示歉意，但否认犯有故意杀人罪。

显然，如果承认纳粹德国的法令是法律，那么案件的审判将是十分困难的。于是，德国联邦法院首先从“法律的名分”入手，否认纳粹时期德国的法令是法律。法院称，那些法令与人类最基本的正义相悖，根本不能成为任何行为的法律理由，任何有良知的人都不会执行这样的法令。盖世太保分子的辩护理由就这样被驳回了。

在西方，人们既可以看到“法律就是正义”的讲法，也可以听到“正义就是法律”的讲法。这表明不少西方人是将正义作为衡量法律资格的尺子的。这种观念表达了一个深层的文化心态：法律和正义完全就是一个事物的两个方面。当然，这只是西方法律思想中的某一观点或派别，更多的人则是在不断地争论法律和正义是不是一个东西。他们一方面希望法律是“神圣”的，“恶法非法”；另一方面又希望法律可以摆脱价值判断的干扰。

法律就是“强制”？

如果一名强壮汉子遇到落水儿童见死不救，我们会说这个人太没道德了；而如果这名汉子恶意将儿童推落水中致其死亡，我们则会说此人犯法了。可以看出，在我们作这些议论的时候，我们已经认为道德与法律肯定是不同的东西。那么，两者的主要区别是什么呢？

在18世纪的德国，有一名哲学家每天下午都非常有规律地出来散步，以至于人们都以此作为校对时钟的标准。他叫康德。就是这个康德，告诉人们道德与法律的区别在于前者约束内心，后者约束外在行为；前者只具有说服力，而后者具有一种物质的强制力。换句话说，道德总是劝诫人，法律则总要给人一点厉害看看。从那以后到20世纪中叶，越来越多的西方人都这样认为。

说来也巧，在中国传统文化中，“法”与“刑”老是纠缠在一起，所以人们难免老是想到法律就是外在的惩罚或强制。加上近代以后，洋人的学说时有传入，康德的这类想法更与我们已有的想法相互配合，弄得中国人直到现在都对此深信不疑。

今天，有不少西方人开始彻底怀疑这一点了。为什么？

先看一例子。1905 年，英国一个叫亨利·拜尔的小青年，因与 4 个兄弟姐妹争遗产而对簿公堂。经过一番艰苦的诉讼，法院终于向遗嘱执行人发布命令，要求他将遗产的 2/5 交给拜尔。可是拜尔几天后改变了主意，他觉得为争遗产和兄弟姐妹打官司实在不应该，故而放弃了继承遗产的要求。现在的问题是，法院能否“强制”拜尔接受遗产？人们会说，显然不能，因为拜尔放弃的不是“义务”而是“权利”。可是，首先，有关义务的规定是法律，有关权利的规定也是法律，而且权利的规定有时比义务的规定还要多，为什么前者才有强制力而后者没有？这一点恐怕可以使人们开始怀疑“强制是法律的基本特征”一说了。

其次，法律义务的执行无法离开法院，尤其是在某些不自觉执行法律义务的人出现时，法院就要强制他们执行，而法院的“强制”本身又是法律义务。假设在上面那个案件中，拜尔并未放弃继承要求，而遗嘱执行人拒不执行，法院自然会依法“强制”他执行。但是，如果法院不去“强制”怎么办？谁来“强制”法院去“强制”？有人可能会说，让立法机关去“强制”法院。可是如果立法机关不去强制怎么办？……可以发现，追问肯定要在一个机构或人那里终止，而在这个机构或人的“依法义务”上不存在“强制”的问题。其实，我们可以发现，在法律中有关法院义务的问题，法律只是规定法院“必须”或“应当”怎样做，而不会规定“如果法院不做……则由谁强制法院去做”。这些没有“强制”的规定难道不能使人们怀疑上述说法？

最后，如果法律就在于它有强制性，那么为什么强盗者的命令不能成为法律？强盗者要求遗嘱执行人将遗产交到一个地方，否则予以强制，这为什么不能成为法律？有人说，当然不行，因为法律还有个程序。但是，黑帮社会的强盗也常常有自己的“执行行规”，这不是程序吗？必须认为，法律不同于强盗者的命令。然而认为法律的特质在于强制，恐怕难以使其有别于强盗者的命令。

因此，今日大多数西方人总觉得法律的特征不在于强制。

这样一种看法可能根植于一个信念：法律不是自上而下的，而是自下而上的；它的基础主要在于人们的主动接受，而不是被迫服从。如此看来，法律就的确和民主联系在一起了。

正义的“自然性质”

1898年，英国一个名叫瓦伦提尼的小少年，与一个叫卡纳里的人签订了一份购买家具的契约。不仅如此，小瓦伦提尼还向卡纳里租了一间房。

瓦伦提尼出身豪门，自幼便喜好独来独往。他觉得待在家里毫无意思，因为父母亲总是对他要求严格，成天教他各种礼节，还让他不停地去背这诗那诗。父母说，只有这样才能真正具有绅士风度。而所有这些礼教使瓦伦提尼不堪忍受。

一个早晨，小瓦伦提尼告诉他爹，他想买一批书回来看，家里能看懂的书他已看烦了，而没有新的书，他就无法“进步”。当爹的一看儿子突然这么争气，十分高兴，爽快地从钱包中抢出一大把钱交给儿子，说了声：“拿去花吧！”

小瓦伦提尼抱着钱飞也似地直奔卡纳里的家，把钱往桌上一摔，说他不求别的，只求租一间房和委托卡纳里买一套家具。其实，小瓦伦提尼并不想买什么书，只是想在外面独自住一段时间。卡纳里担心小少年儿戏，便要求签契约以示庄重。

第二天，卡纳里拿着钱买了一套十分精美的家具，而且将房屋打扫得干干净净后把钥匙交给了小瓦伦提尼。小瓦伦提尼住进后颇为兴奋，即将他的一群“小死党”召来痛快了一番。可是，好景不长，没几个月，瓦伦提尼的爸爸便发现儿子在外面租了房买了家具，天天在那里鬼混。他气得差点昏过去，随即将儿子揪回了家。

最使瓦伦提尼他爹感到伤心的是，儿子把那一大笔钱花在了房租和买家具上。当爹的不甘心，问律师该怎么办。律师说：“放心，你儿子才 12 岁，属于未成年人，根据英国的法律，他对外签订的一切契约都是无效的。”于是，老瓦伦提尼向法院起诉，声称他儿子与卡纳里签订的契约无效，卡纳里应将所有钱款还给他。

一审官司打下来，老瓦伦提尼真的赢了。法院说，契约无效，双方返还财产，但瓦伦提尼要对卡纳里略作损失补偿，法院还说，法律规定得清楚明白，未成年人的无效契约行为当然要导致返还财产。但是，到了上诉法院，法官则认为原审法官的判决实在是大错特错，因为，当一个人即使是未成年人，就某种物品支付了费用并且消费和使用了这种物品，他便无权以任何理由要回费用，否则就彻底违背了自然正义。

“自然正义”是西方法律实践中的一个口头禅。在某些特别的情况下，法官就会运用“自然正义”超越法律的规定。自然正义的含义其实在于，不能违反显而易见的公平正义，即使法律的规定再清楚不过也是如此。人们无法证明某类公平正义是绝对真理，然而通过实践理性可以发现这类公平正义是必须接受的，这就如同必须接受“人类无食品则肯定死亡”说法的正确性一样。西方人有时认为，法律的规定正是由于具有普遍性、一般性，总不免会与特殊情况格格不入，而当特殊情况明显不公平时，就应恢复正义的“自然性质”。所以，老瓦伦提尼到头来自然不能赢得官司。

自然而然的事情

1933 年，英国法院审理了一起损害赔偿案件。原告叫卡特勒，被告是一家牛奶场。卡特勒为人热情，好助人为乐。一天，他从自己的家门口出来，准备去街上买点东西，突然，一匹无人驾驭的马飞奔而过。那马怒目圆睁，昂首扬蹄，吓得整条街上的人四处躲避。不一会儿，管这匹马的人来了。他拼命地拉住缰绳，可马已经受惊，无法控制，他只好向人求救。卡特勒见此情景，立即扑过去，拼命地拉住缰绳。谁知，疯狂的马蹄不断地踢向卡特勒的腿上，待马平静下来的时候，卡特勒却小腿骨折，站不起来了！

马是一家牛奶场的马。马主知道这件事后，觉得应该感谢一下卡特勒，就派人来慰问了一番，但是对卡特勒的伤只字不提，卡特勒只听到一声“谢谢”便再无下文了。

卡特勒十分生气，没两天就告到了法院，要求马主赔偿医药损失。但法院说，一个没有任何义务的人自愿跑上前去阻止另一个人的马并且这样做的结果必然是受伤，那么，损失只能由他自己而不能由马的主人承担。

没过两年，又发生了一起类似的案件。原告是一个警察，叫海因斯。被告叫哈乌德。也是那么一天，一匹受惊的马在大街上狂奔，令人着急的是大街上有不少孩子在玩耍。有几个小孩看见大马狂奔而来，吓得愣在那里不能动弹。海因斯三步并作两步，上前抱住马的脖子。经过“搏斗”，马被制服了，可海因斯的胳臂和腿却大面积受了伤。哈乌德知道后，像上个案子中的牛奶场主一样，丢下一句“谢谢”便溜走了。

海因斯同样告到了法院，要求哈乌德支付医药费和精神补偿费。初审法院完全记得两年前的卡特勒案，因此判海因斯败诉。但海因斯相信人间必定还有“青天”在，于是上诉。

在英国十分有名的上诉法院里，海因斯到底是获得了大法官们的同情。这些法官凭直觉感到海因斯必须胜诉，否则实在有辱英国法院的名声。但是，用什么理由判决海因斯胜诉呢？

大法官曼厄姆说出这样一种理论：当无依无靠的人面临危险时，其他有能力的人伸出援助之手，这是自然而然的事情。而自然而然的事情就必然要求法律给予尊重，从其中就必须推出法律的理由，海因斯就这样讨回了公道。

从这个案子开始，英国法院总是讲，凡是自然而然的事情，法律都要自然而然地予以保护。像父母养育子女，子女照顾父母，夫妻互敬互爱，不得损坏他人物品，等等，都是自然而然的、理所当然的事情，法律绝对不能与此相悖。法律有许多理由，“自然而然”这个理由是其中之一甚至是颇为重要的一个。这意味着从自然的事实走向法律的“应当”。

"铁血君王"腓特烈大帝，亦称弗里德里希二世，
普鲁士国王（1740 年 5 月 31 日至 1786 年 8 月 17 日在位）。

法律与人类本性

我们现在假设一个小案子。在这个案子中，丈夫与妻子最初自愿结婚，后来妻子由于讨厌丈夫进而提出离婚，而在法院还未判决离婚时，丈夫坚决要求与妻子再发生关系，妻子不从，丈夫便强行又“做了一回丈夫”。女方为何提出离婚？她认为她的男人不像男人，鸡肠小肚，性情乖戾，而且还有残暴行为！问她当初为何嫁给这个男人，她说那时未发现他的本质。

此案肯定挺麻烦。其一，女方与男方联姻时完全自愿，可以讲有些感情；其二，丈夫虽然是强行与妻子发生关系，可在法律上他毕竟是丈夫；其三，如果判丈夫也有强奸的问题，许多妻子岂不可以利用“不同意”为借口使丈夫无法成为丈夫？

不过，或许有人会认为这丈夫强奸罪成立。

这类案子在西方人那里很早就出现过。1826 年，普鲁士邦（当时德国的一个邦）的一个郡法院审理了图伦森强奸妻子案。在这个案件中，妻子似乎是难以令人同情。由于她在外面藏有情人，逐渐对丈夫失去感情，以致在夫妻同房时她总像是在“强咽苦水”。后来她明确提出不能再有性关系，可图伦森哪管那么多，仍然不客气地想怎么样就怎么样。妻子只好告到法院。

法院觉得很难办，也感觉到我们上面说过的几个麻烦。但是，法院还是把当时通行于全普鲁士邦的《普鲁士邦法》搬来认真地阅读了一番。这个《普鲁士邦法》是 1794 年颁布的，那时的普鲁士掌权人腓特烈大帝亲自主持了这部法律的制定。古人立法有个习惯，喜欢将各种问题（如刑事的、民事的和商业的）的法律条文放在一部法典里，所以《普鲁士邦法》差不多有 17,000 条。法院不辞辛劳，仔细查找，终于找到了这样一条规定：夫妻双方不得拒绝对方因婚姻关系而产生的性权利，除非女方正在哺乳婴儿或男方无法举事。

法院据此认为，图伦森根本不是强奸犯。

历史上，人们曾不断地争论（《普鲁士邦法》的）这条规定。有些人认为，夫妻间的事情说不清，他们之间干什么最好不要作规定。可有人讲，腓特烈大帝太聪明了，他知道有些事情不管不行。不过，真正促使腓特烈大帝及手下作出这类规定的原因是他们极为信奉“法律必须反映人类本性”的观念。

他们认为，人类的本性在某些方面导致了人的自然权利，这种自然权利不仅不能否认，而且必须用法律加以明确的保护。如果无视甚至压制人类本性，最终只能导致社会的无序。当然，对其有个合理限制的问题，此时的合理限制就是要求本性权利应以人们之间的社会契约的承诺为基础。所以，他们认为，丈夫的性的权利应以妻子的婚姻承诺为基础，而妻子答应嫁给人家就应给人家性的权利。

法律和规律

英文里有一个词是这样拼的：law。你打开英汉词典就可以发现，这个词的汉语意思挺多，可以指“法律”“法则”“定律”，还可以指“规律”。不过一般来说，在自然科学家的脑袋里，它是反映“规律”或“定律”；在道德学家和法律学家的脑袋里，它是指“法律”。

有人说，英文这个词不大好，起码不如汉语那么明确。在汉语中，“法律”就是“法律”，“规律”就是“规律”，人们通常不会产生歧义；而在英语中，总要结合语言环境才能知道它是什么意思。

为什么英文将“法律”和“规律”放在一个词身上？一种解答是：语言习惯嘛，人们在日常生活中习惯这么用词。但是另一种回答颇能引人思考：语词是我们头脑中的文化表征，我们怎么用词总是表现了我们怎么思想。照后一种说法，土生土长的说英语的人在说“law”这个词时，总是把法律和规律联系起来，甚至把它们看作一个东西；他们头脑中总想到“法律的规律性”。

那么，法律和规律是不是一回事？

很多人会讲，它们不是一回事，因为法律是立法者意志的表现，它不是必然的；规律则是不依人的意志为转移的客观存在，它具有必然性。世界上的法律那么千奇百怪，而且都出自人之手，你能否认它们是人的意志的产物吗？说英语的人虽然这般用词，但他们还是会区分“法律”和“规律”这两个东西的。

应该承认，这种说法大体上没毛病。不过，有的西方人将“法律”和“规律”拉在一起主要是想说明前者来自后者，如果前者违背后者，前者将不能有效地运行于社会之中。所以，“law”这个词在这些人的头脑中暗示了如下的潜层观念：法律应当是规律的一部分。

法律需要一种权威。为了使法律具有权威，人们设想了许多方法。有的说，法律是上帝的意旨；有的说，它是永恒理性的体现；有的说，它是国王的命令；有的则说，它是我们不能不敬畏的自然规律（包括社会规律）的一部分……

现在，人们一般不相信上帝真的存在，永恒理性也受到了怀疑，而国王本身人们也认为需要权威的支持。于是，似乎就剩下了“规律”可以尊敬了。难怪有的西方人把法律权威的希望只寄托在规律上。

当然，法律在西方人心目中享有极高的权威，在某一方面是因为他们深信法律是公平正义的象征。但是，不能认为“法律来自规律”的观念在其中一点作用都没有。尤其在英语国家，“law”这个词至少不会减弱法律的权威。从我们自己来看，我们当下更为需要法律的权威，如果有意识地增加“法律与规律的内在联系”的观念，或许我们就会像信服规律那般信服法律。

孟德斯鸠，法国启蒙运动时期思想家、律师，
西方国家学说以及法学理论的奠基人。

地理环境中的法律

18 世纪法国有个很有名的启蒙思想家叫孟德斯鸠。他曾提出令人感兴趣的“地理因素说”。

“地理因素说”是讲，法律不仅事实上而且应该和地理环境诸因素相适应，这地理环境诸因素包括地理位置、气候、温差、土质、水质、矿藏甚至人种等自然构成。

在一般人的眼中，法律与政治、经济的联系是相当密切的；至于民俗、习惯之类的东西，法律也与之有些联系；而所在的地球纬度、地貌、冷热，以及白种人、黑种人、黄种人，与法律的联系可就远了。然而，孟德斯鸠偏说法律与后者的联系绝不亚于与政治或经济的联系。

在那本学人皆知的《论法的精神》一书中，到处都可以看到这民族那民族的，热带、亚热带或温带的，高原或平原的法律的各自特色的描述。比如，孟德斯鸠告诉我们，在热带尤其是靠近赤道附近的国家，法律时常会出现早婚和一夫多妻制的规定；在温带范围之内的国家，法律则时常会出现晚婚和一夫一妻制的规定。为什么会这样？因为，在气候炎热的地方，人就像热带植物一样生长得特别快，尤其是妇女发育速度惊人。可她们身体发育的速度与智力发展并不成正比，换句话说，12 岁的姑娘有成年妇女的身体但没有成年妇女的头脑。这样，法律当然要让她们早点结婚，与此同时，又让她们处于男人的从属地位而几个人围着一个丈夫。而在气候适宜或严寒的地方，人发育得慢多了。在这些地方妇女发育迟缓、身体成熟较晚，到了可以结婚的年龄，她们已有相当的智力。如此这般，法律自然会让他们晚婚，让她们和男人处在平等的地位上。

孟德斯鸠还讲，热带及亚热带国家之所以盛行严刑峻法，就是因为那里的酷热容易使人暴躁和不理智；温带及寒带国家之所以刑罚较为宽和，就是因为适中及严寒的温度使人冷静和理智。

这位思想家仿佛在说，你能找到多少法律与政治或经济的紧密联系，他就能找到多少法律与地理环境因素的紧密联系。一句话，在考察了法律的各种特色之后，人们似乎没有理由非说哪种因素对法律来说是最重要的。

显然，我们不必而且也不会迷信孟氏的这些讲法。但是，他的观念好像包含了这样的弦外之音：地理环境的确会对人们的行为造成不同的影响，因此，一个包含不同地理环境的大国，其法律在讲究国家统一性的同时也应讲究地方区域的不同性，当那些地理环境因素和民俗及习惯联系在一起时，更应该如此。或许，这就是从某一方面来看的法律的原则性与灵活性辩证统一的要求。

活的法律

一般来说，人们习惯于将国家制定或认可的规则当作法律，尤其会将法院判案时运用的规则当作法律。这不奇怪，我们总是把法律和国家权力、法院联系起来。但是，如果从一个人一生所遵循的行为规则以及整个社会所主要依赖的规则来看，与国家权力和法院直接联系在一起的规则好像并不是发挥主要作用的规则，发挥主要作用的倒是那些与国家权力和法院没有直接联系的规则。

记得有一本描写19世纪奥地利城市生活的小说，讲了一个叫斯里芬的男人一生的遭遇。斯里芬为人好强，克己奉公，积极进取，可总是命运不济，一生想要得到的总是得不到；直到他行将就木，无法享受甚至不想享受时，那些过去梦寐以求的好事才不断地来到他的身边。

小说究竟想说点什么咱们不去管它。就本文所关心的问题而言，其中值得注意的是斯里芬一生经历了许多社会组织，这些组织都有自己的行为规则。

斯里芬19岁那年考上了大学，大学里面有许多规矩，规矩说，学生在校期间不能结婚不能生育，不得在校外当经纪人，不得对老师有不敬的言语或行为……如有违反，则给予开除校籍的处分。规矩还说，学生应该刻苦学习，应依时到课，应培养良好的社会责任心，等等。斯里芬毫不含糊地遵守了这些规矩。

毕业后，斯里芬听从父母的劝告，来到了一家颇有名气的经纪公司，当一名部门主管。那公司同样有许多规矩。比如，工作时间必须着装整洁，必须恪尽职守，必须准时工作，不得损害公司利益，不得越权……斯里芬仍然做到了一个好职员应该做的。

后来由于经济不景气，经纪公司破产了，斯里芬来到了一家医院当会计，没过多久又去了一家俱乐部。在那些地方，也有许多规矩，斯里芬也都一丝不苟地照着做了。

在一生中，斯里芬唯一一次和国家制定的规则打交道，就是他父亲去世那年，他去法院签收了法院发出的遗嘱通知书。

其实，每个人都会发觉，我们的日常生活总是与诸如学校、公司、医院、俱乐部以及这单位那单位之类的社会组织规则联系在一起的。我们最关心的往往就是这类规则，而不是国家制定或法院适用的规则。正因如此，有些西方法学家将实际生活中的日常行为规则叫作“活的法律”。他们认为，这种“法律”，才是人们应给予首要关注的法律，它们对人的影响远远超过了国家制定或法院适用的规则。

当然，这部分西方人并不否认国家性质的规则的重要性，他们只是提醒人们注意，国家性质的规则是以“活的法律”为基础的，只有通过后者，前者才能发挥应有的调控作用。如此说来，我们似乎不应将“活的法律”视为民间规章或惯例而一弃了之，或者认为将其叫作“法律”纯属用词不当。从社会全景控制的角度观察，日常社会组织的规则起码和国家规则具有同等的重要性，将它们都称为法律，可能会有独特的社会控制学意义。

美国纽约州的州徽，右侧是正义，左侧是共和。下边的拉丁文“EXCELSIOR”可以译为“求精向上”，但是更原始的意义是“更高”或“更巍峨”，直接引申为“永远向上”。

白纸黑字背后

通常而言，我们大多数中国人容易认为，法律就是那个白纸黑字的条文，如果想知道法律是什么，把立法机关写下的“命令”翻一翻就可以了。可是，法律也许并不这么简单。假如揣摩一下西方国家的法官在有些案件尤其是疑难案件中是如何审理的，你会发现，法律的确要比我们想象的复杂一些。其实，西方越来越多的人对法律持有一种弹性的看法，他们认为，法律既有一目了然的，也有经过一番“磨砺”才能明确其内容的，前者是白纸黑字的浅层的法律，后者是潜藏在条文背后的深层的法律。

一百多年前，美国纽约州的法院审理了一个叫作里格斯诉帕尔玛的案件。帕尔玛是个小伙子，聪明伶俐，为人乖巧，深得祖父的喜爱。他的祖父是当地有名的富翁，特别重男轻女，在他身体还十分健壮的时候就立遗嘱，将名下全部财产留给帕尔玛，而未留给他的两个女儿一分一毫。老人的老伴已去世了，当然也不必为这一份遗嘱操心。

帕尔玛活得无忧无虑，不懒惰也不勤奋，谁让他年纪轻轻就如此“财福不浅”呢？

不过，几年过去了，老人不仅没有死去，而且似乎是越活越年轻。更令帕尔玛不安的是，老人居然有了第二春，看上了一个少妇并打算与其成亲。帕尔玛想，这男人看上第二个女人，一般都会对以前的想法作出根本性的改变，老男人更是如此。他生怕祖父改写遗嘱，一急之下，便将老人毒死了。

帕尔玛明人不做暗事，完全承认自己的所作所为，并说这是为了“家产不外流”。警方将他带走，他自知刑事官司是吃定了，但是还自认为并不会因此而丧失继承老人全部遗产的权利。

老人的两个女儿一方面为父亲的暴死而伤心，另一方面又庆幸死者的死因是唯一遗产继承人的谋杀，显然，这样一来，她们便是遗产的法定继承人。因此，在帕尔玛吃刑事官司的同时，她们又把他告到了民事法庭，要求法院发布撤销帕尔玛继承权的命令。

可是，一百多年前的纽约州继承法什么都说了，就是没说如果遗嘱中指定的继承人杀害了被继承人该怎么办。大家承认遗嘱是有效的，帕尔玛也必须被判刑，但是他的继承权如何处置？帕尔玛的律师说，就像某人不能因诽谤了他人名誉而失去自己的名誉一样，帕尔玛也不能因杀害被继承人而失去继承权。

然而，法院颇为机智。经过一番深思熟虑，法院说，我们从以往的许多判例中可以发现，“不能因为自己的过错而获得利益”是一个重要的法律原则。所有法律条文和判例都是以基本原则作为基础的，比如“必须遵守合同”的条文根据是“诚实信用”原则，“不得伤害他人”的条文根据是“保护个人权利”原则。对于继承法来说也是如此，即“不能有过错”，试想，继承法怎能容忍继承人谋杀被继承人而获得遗产！因此，法律包括了原则，违反了原则当然是违反了法律。请问，帕尔玛能有继承权吗？就这样，法院命令撤销帕尔玛的继承权。

一百多年来，不少西方人对此案津津乐道。他们不仅因为法院的机智而赞叹不已，而且更为兴奋地认为，他们的法律中还有白纸黑字背后的法律原则，这种原则既是一种正义的伸张，又是一种高尚的“依法审判”。

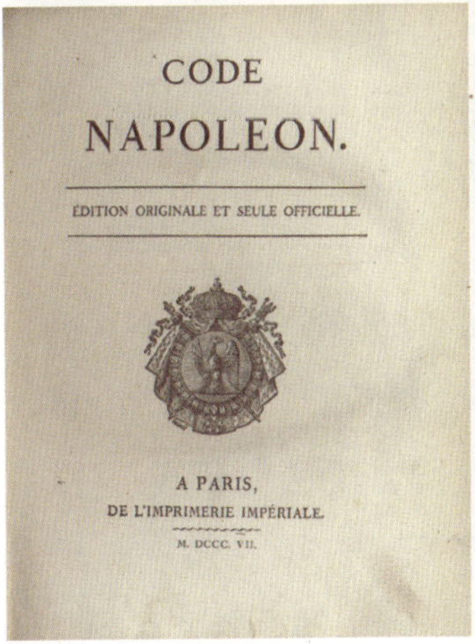

CODE

NAPOLEON.

ÉDITION ORIGINALE ET SEULE OFFICIELLE.

A PARIS,

DE L'IMPRIMERIE IMPÉRIALE.

M. DCCC. VII.

上图是拿破仑在参事院参与讨论法典的编纂（Presentation du Code Civil au Conseil d' Etat）。绘画创作于 1865 年，画家不详。参事院位于巴黎卢森堡宫。下图是首版《拿破仑法典》的封面和扉页。《法国民法典》于 1804 年 3 月 21 日通过，它在 1804 年公布时的名称是《法兰西人的民法典》。1807 年 9 月 3 日法律赋予它《拿破仑法典》(Code Napoleon) 的尊称。《法国民法典》产生了世界性的影响，它融入了人权、自由等现代法治精神，体现世界进步的潮流。

隐含的法律规则

著名的拿破仑民法典说，如果一份公证遗嘱符合下列条件，这份遗嘱的效力就算是无可争议了：(1)有 4 个证人在场和 1 个公证人在场记录；(2)遗嘱向这 4 个人宣读过；(3)他们都在遗嘱上签了字。

熟悉法国历史的人都知道，拿破仑民法典是拿破仑在世时制定的。从那以后，凡是有关遗嘱的问题，法国人都翻开这条规定看看，琢磨琢磨。他们相信，拿破仑那样精明的人一定已经为他们绘制好了有关遗嘱的法律蓝图。

1933 年，有个叫巴斯蒂的老妇人，由于年迈体弱，担心自己会不久人世，总想尽快立一份遗嘱了却心愿。她膝下有三子五女，老大、老三、老七都是儿子，聪明过人，运气又好，所以早已事业有成，腰缠万贯，其余五女却令人揪心，她们不仅能力平平，而且相貌一般，肯定不能令人眼前一亮；最小的女儿还多病。看到女儿们的境况，巴斯蒂决定将遗产全部留给她们。

一日，巴斯蒂来到公证所，找到一位公证员，把想法说了一遍。那公证员道："这好办，你找4个证人来，我马上给你办妥。"老巴斯蒂回到家里立即联系了4个肯作证的人。然而到了公证那天，公证席上却只有两个人，另外两人因故不能前来，他们说第二天一定准时赶到。而席上两证人说，他们只有今天能作证，明天就去邻国旅游了。公证员开始挺发愁的，不过，他想了一下拿破仑法典的规定，发现里面并未说"四人要一起同时在场"。于是，他就先让两人作了证，大声向他们宣读，并要其签了字，第二天又让另两人作了证，重复了一遍昨天的工作。

这公证遗嘱就立下了，可是老巴斯蒂一死，那三个儿子也想在遗产中分一杯羹，便和姐妹们打起了官司。姐妹们拿出遗嘱，说这是母亲的意愿，他们只有尊重。但大儿子是学法律的，他发现遗嘱的公证过程不是人们通常理解的"四证人同时在场"。他说，此一"破绽"足以说明遗嘱是无效的，因而应按法定继承规定分割遗产。

这个案子好像在暗示，即使拿破仑为法国人绘制了精妙的法律蓝图，他们也还是有事情要做的。

法院研究了一下案子，很快就判决姐妹们胜诉，说公证遗嘱的有效性无可质疑。为什么？法官说，在他们的脑子里，一部法律不仅有“明确的规则”，而且有“隐含的规则”。在拿破仑民法典的这条规定中，法律不可能就公证遗嘱过程中的各种情况都作出明确规定，因为那些情况无法全部穷尽。因此，在某些情况下必须根据“明确的规则”推论其抽象的基本原则，并在抽象的原则基础上再推论“隐含的规则”。这条规定的抽象原则是：四证人在听到遗嘱内容之后签字。在这个原则之上，法院可以推论许多“隐含的规则”：(1)四证人不同时在场仍然有效；(2)场地无论在哪里不影响效力；(3)宣读不论是否用法语，只要四证人能听懂仍有效；(4)签字是否潦草不影响效力……有些西方人补充说，即使要求立法机关将这条法律规定具体化，立法机关也会这样做的。因为，所有立法都要保持各种各样的具体法律规则在基本原则上的统一性。这样说来，法院推论“隐含的法律规则”，就是在做立法机关必然会做的事情。

法律的条文与目的

当今，我们都在谈论一个话题：法治。

法治有许多要求，其中一条就是严格依法办事。不难理解，如果法律制定出来了，文字是清清楚楚的，那么便不能有个什么“灵活”问题。假如可以“灵活”，今天你灵活，明天他灵活，严格依法办事自然要大打折扣，法治似乎也就不存在了。但是，假设严格依法办事就是严格照法律条文办事，我们有时就会发现，这本身可能就是不大合乎理性的。

我们从西方人那里借个例子来说明。

有那么一个市政委员会，颁布了一项有关市区城管的法律条令。里面讲，在市区公园内禁止任何机动车辆通行或停放。条令颁布后，各公园都严格执行，绝不让各种车辆进入。一天，某军人团体将一辆他们在第二次世界大战时使用的军用吉普车开进了市中心公园。当时，公园管理人员说不行，可这个军人团体非要将车开进去。团体的代表说，这辆车非同一般，它象征着国家军队在战争中的艰辛与光荣，将车摆在公园里，是为了让人们在公园享受幸福欢乐的时候不忘这些东西来之不易。就这样，车硬被放在公园的中心草坪上。

那时第二次世界大战刚结束，军人走到哪里都备受人们尊敬。他们把车放在公园以作纪念。管理人员也没觉得有啥不好。可是市政委员会有令在先，管理人员又总觉得自己未尽职责。于是，他们找到军人团体代表商议，劝其将车拉走。但军人团体毫无退让之意。

公园管理人员无奈，只得告到法院。公园一方说，法律条文清清楚楚，没办法，被告只能将车拉走。但被告说，这车放在公园不是随意的，它是为了让人们永远记住战争与军人。法院首先明确了几个问题：第一，条令很清楚，任何机动车辆不得停放在公园里；第二，军用吉普车绝对属于机动车辆；第三，按条文字句看，吉普车当属禁止之列。

然而，法院又在想另一个问题：市政委员会颁布这条法令是为了什么？换个问法，为什么机动车辆不能停放在公园里？想来想去，法院得出了结论：禁止停放是为了让公园避免不安全、噪声和污染的“侵害”。如果车辆可以停放在公园里，就意味着车辆总要进进出出，总是进进出出，当然会有不安全、噪声和污染。而按照这个结论，上述吉普车放在公园里并不与市政委员会立法的目的相矛盾，因为它不会产生不安全、噪声和污染。既然停放吉普车没有违反法律的目的，为什么要禁止呢？显然，禁止是不合理的。最后，法院认为可以停放。

所有的法律都有自己的目的，谁也不会否认这一点。如果立法者在立法时不知为了什么，那么我们会说他是非理性的。同样，如果司法者在司法时不知法律条文的目的是什么，我们也会说他是非理性的。所以，有的西方人认为，法律不仅是条文，它还包括目的；司法时不仅要看条文，而且要想目的。

依此之见，严格依法办事就不应该处处唯条文是举。将目的视为法律的一部分，法治可能才会更具有理性。

湿壁画：正义女神面前侧身坐着的是查士丁尼一世（Giustiniano）。14 世纪意大利画家 Andrea di Bonaiuto 创作的大型壁画《圣托马斯·阿奎纳的胜利》（Trionfo di San Tommaso d'Aquino）的正义美德部分。

法律中的大众准则

在古罗马，发生过一起令人头痛的案子。一个年轻人想要买房子，经人撮合，认识了一个有房要卖的老头，而且与之达成了房屋买卖协议。协议签订后的第二天，不知是天灾还是人祸，一场大火把房子烧了。巧的是，那火只烧毁了房屋的一部分。

年轻人说，房子不要了，因为房子毁了一部分，而毁了一部分的房子根本不是他想要的房子。老头说，这可不行，我们的协议已经签订，既然已经签订，房屋自然就属于你了，是福是祸你自己担着。

当时法官很为难，觉得这案子实在不好整。这倒不是因为法律没有明确的规定，而是因为法律讲，在房屋买卖协议签订后房屋发生意外时，如果房屋的幸存部分仍然属于合理的范围之内，则应把它看作一间房屋；如果仍然可以视为一间房屋，则房屋买卖契约有效，反之则无效。那什么是“合理的”？

后来的古罗马皇帝查士丁尼在十分出名的《学说汇纂》这部法律汇编中说，遇到这种情况，要看剩下的房屋是否幸存一半以上，如果是一半或一半以上，则算是“合理的”，反之则“不合理”。

明眼人可以发现，按这条机械的规定，极可能在有的案子中导致荒谬的判决结果。比如，在上面的那个案子中，如果正好是房屋的最有价值的那一半给烧了，剩下的一半毫无使用价值，那么年轻人岂不成了“肉包子打狗有去无回”？

可在相当长的一段时间里，欧洲大陆不少国家就是拿着鸡毛当令箭，认为《学说汇纂》中的这个说法是法律中的法律（因为《学说汇纂》是举世闻名的罗马私法的一部分），凡遇到类似的案子均照此办理。

直到近代，西方人才彻底地开始怀疑并逐渐抛弃这个说法。

那么，西方人现在怎样解决上面的问题？他们认为，法律规定中免不了有许多像“合理”之类的词句需要解释，而这些词句的解释最好使用“大众标准”，而不要使用所谓的“专家标准”。所以，“合理的”的意思最好是取自大众的看法以及大众认为的“情理”，即使这些看法或“情理”有时会随着时间或地域发生变化也是如此。

为什么要这样？因为“合理的”“适当的”“善意的”之类的词语，特别需要用大众的一般感觉才能给予说明。同时，这些词语与老百姓的是非观念有最为密切的联系，尊重他们的感觉，就是尊重他们的是非观念，而尊重他们的是非观念自然会更好地发挥法律的社会作用。换句话说，为了使法律发挥更好的作用，就必须在法律之中加入“大众准则”。

一般公民的陪审团

在英美国家，有那么一个裁判组织叫作陪审团。这个组织时常坐在法官的旁边，对案件的证据作出最好的决断。在一些刑事案件中，甚至只有陪审团才能判定被告是否有罪，而法官却不能说三道四，像在前不久十分出名的辛普森谋杀案中，辛普森是否有罪就是由陪审团说了算。

大家知道，在辛普森案中，陪审团成员半数以上为黑人。当时对辛普森来说有许多不利的证据，但有两个问题却又使人们有点怀疑控方的指控：(1)作为罪证之一的手套，辛普森根本无法戴进；(2)负责侦查及收集证据的警察本身就有种族歧视的劣迹。这样，虽然人们都觉得辛普森或许真有些问题，但陪审团仍裁决辛普森无罪。

设置陪审的历史非常久远。据说，1164 年英国国王亨利二世掌握大权时，就发布过一个敕令，要求皇家法院在审理土地纠纷的时候，必须找12个骑士和自由农民陪审。后来，亨利二世又发布诏令，说在刑事案件中也要有一般百姓陪审。到了爱德华三世的时候，陪审团就有了“定有罪无罪”的准生杀大权。

对于陪审团，人们自然会提出这样几个问题：第一，既然一般百姓不大懂法律和审判技术，让他们来陪审岂不多此一举？第二，请人陪审是个浪费资源的事儿，因为要花钱。第三，和法官相比，一般人总会感情用事，像辛普森案，黑人占多数的陪审团不就特别像感情用事？

但是，西方人（在某些国家）还是把陪审团留下来了，因为他们有时是这样思考的：在确定有关案情证据的时候，需要的恰恰不是极为理性的冷峻，而是一般人们的常识感觉，因为后者可能更为贴近案情的实质。

他们还认为，从更深的层面上看，现代社会的法律运作（主要是审判）越来越专业化、技术化、职业化和权力集中化，越来越被法学家、法律家这样一个文化阶层所把持，这个阶层通过法律的解释和证据的解释使审判几乎变成了精英文化的场所，于是，最初人们设想的“法治”便逐渐脱离了其所依赖的“民主”这个基础。换句话说，法学家、法律家总代表着一种精英文化，而一般百姓肯定代表了平民文化，前者与后者的区别引起了审判中“法治”与“民主”在一定程度上的分道扬镳。怎么办？恐怕只有在审判的过程中继续保持民众的声音，并以此保持法治与民主的相互联系。

湿壁画：主持正义的人需要遵循成文法典（Authority Consults the Written Law）。壁画位于美国国会大厦，是由意大利出生的画家康士坦丁·布伦米迪及其学生创作。

一般规则之下的自由裁量

有人说，制定法律的目的之一就在于实现“同样情况同样对待”。一方面，法律意味着一般规则，在一般规则的指引下处理相同的情况就是一种公平。另一方面，有了一般规则，就不应“具体情况具体对待”或说“自由裁量”，否则一般规则就形同虚设，就又回到“人治”上去了。

这话听起来不错。可是，在一般规则之下能不能实现公平的同样情况同样对待？如果可以，就应照着这人说的去做，不给“自由裁量”之类东西留下余地，以防“人治”死灰复燃；如果不行，恐怕就要再想一条思路了。

试举一例分析。

某法律规定，偷窃他人财物 500 元者，处 15 天监禁并处罚款。现在有那么一人甲，平时游手好闲，好吃懒做，一天在邻居那里偷了500元；另有一人乙，因为母亲病重无钱医治，为付药费而偷了杂货店500元；还有一人丙，喜好读书，但家境贫寒，无钱购买，便时常去书店偷书，没过多日已窃得价值500元的书。

怎样处理？按照法律规定，三人都要判处同样的监禁和罚款，因为法律没有规定特殊情况怎么办。但这种同样情况同样对待是否公平？显然，三人的情况也是有所不同的，“同样对待”的确有些不公平。有人会讲，为了解决公平的问题，可以将法律再规定得细一点，比如，规定日常品行不良的人处罚重点，出于良好道德动机的人处罚轻点。许多法律正是这样规定的。

可是当你作出了新的规定以后，还会出现“不同”的问题。假如同是出于良好道德动机，一个是屡犯，一个是偶犯，怎样处理？同是品行不良，一个偷的是穷人的钱，一个偷的是富人的钱，穷人因被盗而痛苦不堪，富人却毫无所谓，怎么样处理？

有人还会说，再继续把法律规定得详细些。但是，可以想象，在规定之后还会出现新的“不同”，换句话说，

“不同”的情况可以无穷地出现。要是总按不断出现的“不同”去丰富法律，法律总有一天会到了我们无法阅读的地步。显然，法律不可能这样规定，从古到今任何国家都没有这样规定。可是不考虑这些“不同”，按一般规则处理，又会出现刚才说的不公平。这不表明在一般规则下无法实现十足公平的同样情况同样对待？

因此，有的西方人认为，为了在同样情况同样对待的时候保证公平，就应允许在一般规则之下的自由裁量，让法官在一定范围内有灵活处理的手段。而这并不会导致人们恐惧的那种“人治”。因为，那种人治是一般规则之上的人治，而法官的“人治”是一般规则之下的“人治”。

包细亚的智慧

对于中国人来说，莎士比亚的戏剧自然是不陌生的。从某个角度来看，文艺复兴时期的启蒙精神与思想特别容易刺激后来从传统步入现代的发展中民族，所以，一般中国人都喜读莎氏作品。不过，我们总是注意其中的实质性的人文主义神韵，较少注意达到这种神韵的“包细亚式”的智慧手段，用现在的一个词讲就是“工具理性”的手段。

在《威尼斯商人》这部戏剧中，莎氏编织了许多有趣的情节，其中最引人注目的是包细亚如何使犹太人夏洛克就范于法网。

威尼斯仁慈的绅士安东尼，为了挚友巴萨尼欧与名媛包细亚能够幸福地结婚，向犹太商人夏洛克高利贷款3000块金币。那个时代，契约是绝对自由的，故双方有一残酷的约定：如果安东尼届时不能还款，则割肉1磅以示惩罚。岂料，由于安东尼经营的货船迟迟不能赶到，高利贷款还真是无法按期偿还。安东尼自知违约，便向夏洛克表示歉意，并甘愿罚款3000块金币。然而，夏洛克不仅得势不饶人而且野性大发，似乎一定要在安东尼身上割下那块肉方感痛快。他特别希望在基督教“光环”照耀下的威尼斯法庭上看到基督徒血肉离身。

包细亚得知这一切后，便冒充名律师培拉里奥写给法官一封信，说培拉里奥因事不能前来，特派一名年轻漂亮的律师上庭。信中还说这名年轻律师见地非凡，不可小视。而包细亚本人则装扮成这名律师。

在法庭上，包细亚首先声称：夏洛克的主张完全合法，安东尼提议的以“罚款”代替“割肉”毫无意义，契约上没有安东尼提议的办法。之后，包细亚庄严地向法官陈词：法院必须判决夏洛克胜诉，因为契约符合法律的规定，夏洛克完全有权在安东尼身上割下1磅肉，这是夏洛克应得的公道。夏洛克听此辩词十分兴奋，狂呼包细亚公正贤明，并且拿着刀过来就要“履约”。

然而，就在夏洛克将刀放在安东尼的胸前时，包细亚突然说道：且慢！威尼斯绅士的肉判给你了，但是他的鲜血并未判给你，契约上只讲到了“肉”，并没讲到“血”；如果在割肉的时候哪怕流下了一滴血，按照威尼斯的法律，你的财产就要全部充公。而且，在割肉的时候，既不能多一点也不能少一点，否则同样要受法律的严厉制裁。

夏洛克见状不妙，连连向法院和安东尼赔不是，说不执行契约了。可是包细亚似乎仍要痛打落水狗，大声喝道：夏洛克必须执行判决，否则只能视为图谋伤害，如此同样要受法律的制裁，在威尼斯的法院，你要公道就一定给你公道，而且比你想要的公道还要公道！

在这段戏剧中，莎氏也许想表明基督教之下的威尼斯人不仅“公道”，而且“智慧”。但是，不论其意图究竟是什么，我们的确可以从中体会西方法律文化的一个观念——不仅要有“目的”理性，而且要有“工具”理性。显然，相当多的西方人以为，没有“工具”理性（或智慧），法律便有可能成为“邪恶”的手段，从而使“目的”理性（或公平）无法实现。难怪柏拉图很早就说过，法官要有渊博的知识和丰富的阅历，但更要有善恶的判断力及在法律之中扬善惩恶的智慧。

英国中央刑事法庭建筑入口处的正义女神雕塑。英国雕塑家 Frederick William Pomeroy（1856—1924）创作于 1906 年。

“区别”的技术

那些讲英语的国家，法官总有一个习惯，即在判案时看看以前法官遇到类似案件是怎么判的，这样一来省事，二来可以实现“法律面前人人平等”。这是我们许多人较熟知的英美法律中的“按老规矩办”。专家说，那是“判例法”，法官一定要这样。

可任何一件事总有利有弊，好像从来就没有一件事可以让人高兴得毫无遗憾。“按老规矩办”同样如此。先看一个例子。

1982 年的一天，有个叫麦克劳夫林的英国妇女正在家里准备晚餐。当钟表正好指向 6 点时，一个铃声急促的电话使她心惊胆战。她觉得，这时候应该是丈夫和孩子们回来吃饭的时间，响的应该是门铃而不是电话。她有一种不祥的预感。

果不其然。当她拿起电话时，一个人说："太太，您现在必须马上去医院，您的先生和4个孩子都在医院抢救，下午4点钟出了车祸！"

麦克劳夫林立马开车来到医院。一进急救室，她几乎晕了过去，丈夫和孩子们个个血肉分离，尤其是最小的一个孩子，因为伤势过重已经断了气。麦克劳夫林受此刺激，精神备受打击。

时隔不久，麦克劳夫林就把肇事司机奥布莱茵告到了法院，除了要求他赔偿各类直接损失之外，还要求他赔偿自己的精神损失。麦太说，她精神的伤害是永远不能痊愈的，没有什么打击可以超过亲眼目睹家人的惨状而受的痛苦刺激！

一位极善钻营的律师，不辞辛劳，在浩如烟海的英国法院从前的判决汇编中找到了一批令麦太极为兴奋的"判例"。在那些判例中，类似的精神受害者都获得了"大笔进账"。

但是，法官在"阅读"这些判例和手头的麦太案时，总觉得哪里有些不对。法官大人们发现，以前判例中的精神伤害都是“现场发生”的。这是说,精神受刺激者无一例外是在当时事故发生的现场即时看到惨状的发生,而麦太是在事故发生之后两小时受到刺激的,而且不是在现场,而是在医院。这意味着什么?

法官们进而思考一系列问题:如果麦太的妹妹在澳大利亚两星期之后听到了消息而受刺激,她是否有权获得赔偿?如果有权,那么出现了“七大姑八大姨”之类的亲属以同样理由要求赔偿,怎么办?如果照判,法院顶得住这么多的官司要求吗?这对被告公平吗?以后谁还敢开车?哪个保险公司还敢卖保险?此外,这不容易使那些心术不正的人日夜思索如何找医生做假证,说自己被伤害得死去活来?……

结论是:如果“按老规矩办”,判决似乎是不对的。

于是,英国法院的法官大笔一挥,判麦太败诉。麦太案中的情况不同于律师搬出的那些判例,它们之间存在“区别”,这就是理由。麦太是在事故发生两小时以后赶到医院的,这的确不同于判例中的情形。既然不同,就没有理由“相同判决”。法官对麦太说,法院一定要“按老规矩办”,可前提是“案件相同”。

其实，人们可以在所有的案子之间找出“区别”，只是得到的“不同”或大或小罢了，而且，很大程度上要看人们怎么“阅读”它们。但是，这种“区别”倒真成为英国法官手中的一个技术。他们在判案时，会考虑许多问题，而不是简单地看看作为法律的判例和手头的案子。他们说，法律一定要“平等”，但也一定要“公正”。

道德的法律强制

留心看报纸的人一定发现过“道德法庭”一类的字眼。在中国，这类“法庭”蛮多的，它专门为那些有时法律对之无能为力而在道德上又极为令人切齿的心灵败坏分子而设，经常由非法律人士如妇联大姐们或报纸杂志的编辑们掌管。显然，我们肯定会发现，当出现见死不救、新时代的“陈世美”、第三者插足、恣意通奸之类的事情的时候，有人就会问：法律的强制哪里去了？总不能让愤怒的人们只在那类法庭上宣泄一番吧？

“道德法庭”的设立，说明在我们这里法律与道德之间的界限十分清楚。法律人士通常会说，法律问题是法律问题，道德问题是道德问题，法律是一种低要求，道德是一种高要求，两者实在不可同日而语。于是，在我们的眼中，道德当然不能实行法律上的强制，而执法人员只能坚守“法律的本分”。

在西方国家，两者之间的界限有时清楚、有时不清楚，因为，有那么一些西方人主张，在必要的时候必须实现道德的法律强制。

大概是20世纪50年代初期，英国一些缺德分子为了挣黑心钱，大肆印刷出版淫秽刊物。当时，英国没有明确禁止出版淫秽物品的法律规定。这些淫秽刊物的出现，败坏了社会风气，毒害了青少年，使向来保守而又绅士般的英国很快污浊不堪，虽然刊物尚不属于动物繁殖式的淫秽，但其内容已经包含了许多诱发邪念的刺激。相当一批英国人大声疾呼：必须将那些缺德分子绳之以法！

据说，后来有不少这类缺德分子真的被送上了法庭，而且被判了严厉的处罚。虽然有的人认为，在法律尚未有明确规定的情况下，给予道德上的强烈谴责已足够了，但法院对那些“罪不容赦”的缺德分子仍是毫不留情。法院认为，此时有必要用法律捍卫道德。

有的西方人讲，当某些法律未禁止的缺德行为引起了社会普遍强烈的憎恶感、成为众矢之的的时候，在法律上已有足够理由对其予以强制。如果法律官员此时袖手旁观，不仅缺德行为会对社会造成损害，而且袖手旁观本身也是对社会的一种损害，因为人们对法律也失望了。

他们说，法律时时都要依赖民主。当大多数民众有强烈的道德要求时，这已表明法律和民主之间出现了脱节，此时唯一的方法是道德的法律强制。

那么，用什么方式去实现道德的法律强制？这些西方人说，在审判中倾听一般公民组成的陪审团的呼声意见，并将他们的呼声意见看作公众以法律捍卫道德的要求。

馅饼的增大

如果一张馅饼做好了，几个人正在等着吃，那么我们面临的问题就是如何分。假如不论怎样分，人人都吃饱而有余，就不会有纠纷，也不会有“公平”的问题。但是，如果不论怎么分都不够吃，显然就要考虑分得“公平”。这便是以往大多数中西法律思考的基本出发点之一。一般人都认为，经济学要考虑怎样把馅饼做得大点儿，至于如何分，就请立法者和法官定夺了。然而，在西方以往的法院判决中，有的法官却不这样认为，他们总想做点“经济学”的工作。

几十年前，一名叫作克西的有钱人在美国西部的亚特兰大市买了一块地。当时，这块地远离工业区，一望无际，空气清新，极为宁静。克西很满意，在这块地上盖了一幢别墅。岂料，没过几年，亚特兰大市在不远的地方建造了一个飞机场。无数的飞机天天降落，不仅有噪声灰尘，而且由于飞机起落时的高度较低，克西一家终日不得安宁。

克西想，这机场建好后，政府不仅没有半点补偿，连一句像样的致歉话也没有，这也太不拿他和其他住户当回事了。他决定向法院起诉。

克西说，在美国，个人的权利是首要的，政府做任何事情的时候，都不能忽视这个权利。他花了大笔钱买这块地，理应有享受这块地空气清新、环境宁静的权利，政府有何理由毫无补偿地剥夺他的这个权利？他还是纳税人，政府的开支正是从他这样的纳税人手中获得的，政府怎能具有如此特权？他要求，亚特兰大市政府至少要赔偿给他相当于当初购买这块地的价钱的损失。在有些人看来，克西所说的绝对有道理。

可是，亚特兰大的法官给克西算了一笔十分简单的账。法官说，第一，如果让政府给予克西“空气清新、环境宁静”的经济补偿或者停止飞行，那么补偿费用或停飞的损失将大大减少公益的总财富；第二，如果让政府不补偿而且继续飞行，克西及其他住户当然也会有损失，这个损失也会减少公益的总财富，而且很难说这个损失一定少于前者；但是第三，飞机继续运行在另一方面显然还会增加公益的总财富。法官又说，公益的总财富是个人的权利相加而得的，一个结果是单纯地减少，一个结果是有减少也有增加，既然如此，为什么为了你的权利而牺牲更多人的权利？法官还说，如果克西可以算出补偿他损失的方法更能有益于公益的总财富，那么就判他胜诉。

亚特兰大法官的做法在现代西方国家还真的引起了很大的争议。反对的人说，如果法官可以这样算，那么克西也完全可以算出有利于自己主张的方法，因为，克西可以说原有的空气和宁静能使其具有良好的工作环境，从而使其工作增加公益的总财富，怎能说赔偿的结果只有减少而无增加？支持的人说，尽管法官的算法可以争论，但人们实在应该改变一下“只分馅饼而不增大馅饼”的法律思维方式，既能“分”又能“增”的法律岂不美哉？再说，不断“增”下去的话，总有一天不用“分”了。

这种争论可能还会继续下去。不过笔者以为有一点似乎是肯定的：在比较富裕的国家，法律多讲点“分”是对的；在比较贫困的国家，多讲点“增”是对的，因为小的馅饼怎么分都是别扭的。

绘画：正义的权威（The Reign of Justice），
英国画家 Edmund J. Sullivan（1869—1933）创作于 1911 年。

官司的成本计算

前些日子，听说某人因为吵架而被另一人打伤，花去20元医疗费。伤者便去法院把那人告了，要求赔偿损失。后来又听说，有的大学法学教授讲，这是法观念增强的表现，因为伤者知道用法律的手段来保护自己的权益；而有的市民则说，为这点医疗费去打官司似乎多此一举，将打官司的时间用来多挣些钱不好吗？

我们可以把这两种讲法再演绎一下。法学教授的潜台词是，花再多时间、人力、物力、财力去打这场官司也是值得的，法治就是凡事都依法办理，这当然是最有价值的了；而市民的潜台词是，如果在实现法治的过程中支出大于收入，越来越穷，这恐怕就意义不大了。我看，在这里尚不能断言法学教授的看法一定胜过市民。

这类问题在西方也是存在的。试举一小例来说明。

大约30多年前，有个叫比撤诺的法国人在巴黎郊区看中了一幢房子，想把它买下来，便与原业主哈顿签订了一份房屋买卖契约。有趣的是，当地有个奇妙的商业惯例，不论你买什么，都要用自己的一根头发作为担保，就是说，用自己的头发当作保证交给对方，如果说话不算数，头发就归由人家任意处置了。

比撤诺心急火燎，志在得房。契约刚刚落定，他便立即将钱如数奉上，而且郑重地剪下自己的一根头发，双手交给哈顿。

说来也巧，房地产市道没过多久就颇为看好，比撤诺要买的那间房屋市价不断翻新。按合同约定，交房的日期渐近，比撤诺还为此而彻夜不眠。

谁知，在交房那天，哈顿皮笑肉不笑，装出一副非常歉意的样子，说："实在对不起！房子不能卖给你了。因为，尽管我现在很想要钱，可是我更需要这幢房子。"当然，哈顿完全承认自己毁约了，承认自己大错特错，并表示补偿比撤诺的一切损失。

比撤诺只好要求对方退款、赔款，退还自己的那根头发。哈顿也算爽快，退了钱也赔了钱，但是，就是没有退还头发，还居然说他根本没有拿到头发。比撒诺怒气冲天，为了要回自己的一根普普通通的头发，决定去法院告他一大状。

比撒诺对法官说："对一般人来说，头发算不得什么，但是现在那根头发对我来说是太重要了。因为，它是我的信誉的象征。我死活都要收回头发！"到底是功夫不负有心人，经过了20多年，法院终于判决比撒诺胜诉，而且对哈顿说，如果他不还头发，"后果将是严重的"。哈顿最后乖乖地将头发完璧归赵。

如何评此小案？西方人都会同意这样一个看法，即如果打官司的收入大于支出，或收支大体平衡，那么官司是值得打的；但如果收入少于支出的话，那么官司是否还值得打便大可商榷了。有些西方人说，法律解决纠纷的功能最好不要无限膨胀，否则官司越多，不仅个人的收入少于支出，而且社会的收入也会少于支出，真是越来越穷的话，恐怕就有违"法治"的初衷了。此外，他们还说，在市民与市民之间（如比撒诺和哈顿之间）不能忽视道德或习惯调解的功能，"凡事必讼"既伤和气又浪费资源。所以，东方传统中“和为贵”的想法对社会并非毫无意义。

看来，有必要重新思考一下“法治”的精义。应该认为，其精义不在于“凡事必讼”，而在于在各种治理手段并存的情况下，法律具有最高的权威。

法官嘴里的法律

一般来说，我们都认为立法机关是制定法律的机构，法律的内容是由立法者说了算的，而法官不过是法律的“喉舌”。可是，有那么一伙洋人却大唱反调，说法律的内容是由法官说了算的，还说相信立法机关制定的东西就是法律再愚蠢不过了。这伙人为什么这样说？先看一下他们给我们的一个例子。

若干年前，美国缅因州有一名死者立下了一份遗嘱，上面说，为了感谢一名小伙子在他临死前的几年内给予的无私帮助，决定在死后将自己名下的财产全部归这名年轻人所有。其实，这名死者是有法定继承人的。他有一位年轻漂亮的妻子，只是这位妻子另有情人，终日不愿照顾他，只想在他死后获取遗产了事。死者出殡那天，这位妻子赶来奔丧，同时，也想把遗产清算一下带走。但是，小伙子拿出了遗嘱。女人不服气，起诉到法院，要求宣布遗赠无效。法官审理此案时，发现了一个重要问题：遗嘱的证人之一正好是小伙子的妻子。那时，美国各州的法律大多数都规定："遗嘱须要三个证人证明；对证人的遗嘱无效。"缅因州也不例外。法官感到头痛的是，一方面，妻子与丈夫是一家，证明给予丈夫遗赠的遗嘱，似乎也就是证明给予自己遗赠的遗嘱；另一方面，妻子和丈夫毕竟是两个人，法律从没说妻子和丈夫是一个人，这样，好像又不能说作为证人的妻子就完全是受遗赠人。遗嘱既可以说有效，也可以说无效。

无巧不成书。几乎就在同时，美国马萨诸塞州也发生了一起大体类似的案件，一名妻子证明了一份给予丈夫遗赠的遗嘱。

奇妙的是，缅因州的法院认为遗嘱有效而遗赠无效，马萨诸塞州的法律却认为遗嘱就是无效的。前一个法院说，妻子可以作为证人证明遗嘱以使遗嘱有效，但妻子与丈夫是两口子，两人的利益是同一的，丈夫受到的遗赠当然等于妻子受到的遗赠，所以遗嘱有效遗赠无效。后一个法院说，妻子与丈夫是一家人，妻子证明给予丈夫的遗赠便等于是证明给予自己的遗赠，因此作为遗赠前提的遗嘱是无效的。

可以看出，有关遗嘱的立法机关制定的法律是一样的，可是法官却可以让它具有不同的意思。更为重要的是，法院判决以后，当事人就必须执行了。

那伙洋人之所以认为法律由法官说了算，正是因为法律时常要由法官来解释，判决也是由法官作出并由法官来强制执行的。这种看法曾经在西方国家风靡一时。

说起来，这种观点未必正确，可的确提醒人们要注意立法者嘴里的"法律"和法官嘴里的"法律"的区别，以及它们的相互关系。有时，从实践操作的意义上说，只注意前者而忽略后者，只会得到与预期相反的结果。我们当然不应只看重法官的判决，但是绝不能不理会法官宣称的"法律"。

法律＝具体判决

一般人总会以为，法律是法律，判决是判决，它们可有原则性的不同：法律是普遍的约束的规则，就连作出判决的法院都要遵守它，而判决只是法院就具体官司给出的一个了断。

但是，按照一种奇妙的思路，可能会发觉事情也许并不这样简单。

很久以前，一个叫凯瑟琳的加拿大单身富婆在和朋友出去郊游时，不幸出了车祸。千不该万不该的是，车祸发生时，凯瑟琳的头让座旁的车门狠狠地压了一下，而这一下真使她彻底丧失了意识。用咱们熟悉的词儿说，她成了“植物人”。

凯瑟琳有一个儿子哈奇森。这哈奇森因他妈妈太富了，所以毫无出息，天天和狐朋狗友厮混在一起，玩得天昏地暗。每次想花钱时，哈奇森便一头扎进妈妈怀里滚两下，然后，顺顺当当地从她口袋里把钱卷走。可是，老妈再也没有意识了，在她怀里滚多少下也没办法随便拿到钱，因为，旁边站着一个管家，管家的手特别紧。

有人给哈奇森出主意，叫他宣布继承财产，硬说老妈“等于死亡”。哈奇森果然照办，而且，为了在法律上扎扎实实，他来到法院要求法官判决准予继承。他说，老妈已经停止了意识，而停止意识的人当然等于“死亡”，死亡的结果就是允许继承遗产。

当时的法律的确规定，被继承人死亡，继承便开始。但是，法律没有明确说像富婆那样的“植物人”是不是“法律上的死者”。最后，法官按着自己对法律的理解就那么判了。哈奇森如愿以偿。

这个判决可以说明几个问题。第一，法律规定本身的意思取决于法官的理解，而且法官把理解过的内容“放”到了判决里，这个内容和判决是混在一起的。第二，在具体官司中，法官怎样理解法律规定都可以，因为，没人可以在法律上约束法官。第三，判决一下来，无论对错都得执行，否则法院便会强制，而法律的一般规定就没有这种效果。

有人会说，不对。法律规定有它自己的意思，岂能由法官任意解释。但是，法官事实上的确在解释，而且他说什么就是什么。你认为富婆还有呼吸因而没死，法官会说你的解释是不对的。怎么办？有人会进一步认为，给法官搞上一个“制约”，以防止他犯错误。但是，这本身是否和人们的法院依法独立行使审判权的理想相矛盾？而且，制约法官的“制约者”，自己是否也应受制约？

最为重要的是，除非法院自己纠正自己，否则即使是错误的判决也得执行。而对当事人来说，这可是尤为紧要的。

如此讲来，说“法律＝具体判决”真是有点在理。因此，有的西方人认为法律不是一种规则，而是非常具体的法官判决。当然，这只是西方人之一说，是对是错就由看官定夺了。

法律的双刃性

19 世纪对西方人来说可能是一个十分重要的世纪。在那 100 年里，为了经济的突飞猛进，法律可谓是殚精竭虑。翻开法律历史书籍，到处可以发现，在“市场”和“契约”这两个观念的影响下，各类制度“风起云涌”，期票、汇票、提单、经纪、保险、代理……这些法律设置无不刺激着交易膨胀。最令人赞不绝口的也许就是有限责任公司制度。它有效地促进了规模经济迫切需要的规模集资。在当时人们的眼里，这个制度的奇妙之处在于：只投一部分的钱就可以做数倍金额的大生意，而且欠了债之后只需将最初投资的那部分钱抵债了事。

可是，像有限责任公司这类制度，虽然一方面释放了人的投资能量，但在另一方面却引来了更多的经济违约和资不抵债。为应付这种局面，西方人一手拿起了“违约赔偿”的传统法律武器，一手创造了“破产清债”的现代法律武器。他们最初相信，有这两件武器便足以使债权人高枕无忧。

1874年，英国两个不大的有限责任公司做了一笔铝制品生意。其中一个专营铝制品批发，另一个则十分类似我们所说的“倒爷”。当时，铝制品特别紧俏，那“倒爷”准备从批发公司购买铝制品后再倒出去，于是签了买卖合同。可是没过两天，批发公司因另有利润可图，便公然违约，对“倒爷”公司拒不发货，并表示愿意照合同约定赔偿损失。本来，“倒爷”公司利用这一倒，完全可以赚上一笔，眼下只有泡汤了，而赔款也是少得可怜。“倒爷”公司只好告到法庭，要求赔偿因未能倒出货物而受到的损失。

但法官说很难计算损失，因为“倒爷”公司毕竟没有和他人签订合约，这损失只是“可能”的损失，如果不断计算“可能”的损失，赔偿将会是永无止境。即使许多其他公司已明确表示过要买倒爷的铝制品，法院也只有照此判决。

过了几年，一家有限责任公司因资不抵债被法院宣布破产。破产前，这家公司赚钱赚得已是不好意思了。然而不过数月，它就欠下20多个公司的巨额债务。更为令人瞠目结舌的是，破产后，几个原来的投资者又开办了新的公司，而且同时开办了好几个。

没过多久，有的西方人终于发现这两起小案表明了这样一个意味，不仅有限责任公司制度是双刃的，即在促进规模投资的同时损害债权人的利益，而且，违约赔偿和破产清债的法律同样是双刃的：它有时保护了债权人利益，有时又鼓励了冒险家式的债务人的风险投资，使那些可恶的债务人得以摇身一变，再做“快乐的”生意，从而损害债权人的利益。所以，这些西方人有时说，要警惕法律的“双刃”性。因为这种“双刃”性似乎告诉人们：经济领域中的效益与公平的矛盾，是法律必须解决但又难以解决的永恒主题。

法律的“矛盾”

几十年前，一个叫罗伯特的美国人，运气实在不佳，在一笔生意中惨败从而欠下了一屁股债。没辙，为了避免债主把刀架在脖子上，罗伯特只好拍卖家当。经过几轮叫嚷，一幅珍藏多年的油画，就以 100 美元成交了。买主是个博物馆看门职员，人称吉姆。

当时，吉姆只是喜欢画，所以就这么把它“拿”下来了。几天后，吉姆让博物馆的一个鉴定家看这画，想知道这画的水平究竟如何。谁知，鉴定家看到这画顿时目瞪口呆，称那是多年前失窃的著名印象派大师的真品，价值至少 700 万美元！

吉姆知道后晕了过去，两天后，才慢慢苏醒。

可就在他完全清醒了的时候，那运气背到了家的罗伯特也知道了这一消息，并立即把他拉到了法院。罗伯特说：拍卖无效！

罗伯特的律师找到了一大堆“法律根据”，其中有商事条例和大把法院以前的判例。这律师告诉法官，案子可是天大的奇案，如果驳回罗伯特的请求，太不公正了，法院不能让高兴得“昏死”两天的人喜上加喜，而让运气不济的人背上加背。律师说，法律明确规定，如果对所卖物品的本身价值有“误解”（如不知真实价值），则买卖无效。而且，100 多年前的一个法院判决，更加表明应判罗伯特胜诉。在那个判决里，一个农民卖给另一农民一头牛，当时双方都认为这牛不能下崽儿，可后来那牛居然下了 7 个崽儿！于是法院判决买卖无效，准许卖者把牛牵回家。罗伯特律师斩钉截铁地宣布：那牛即使能下 70 个崽儿，也根本不能和 700 万美元的画相比，“牛案”原告尚且能胜诉，“画案”原告岂有理由不胜诉？！

吉姆的律师也不含糊。他也搬出了一大堆法律，其中也有各种各样的白纸黑字的法律条文和法院以往的判决。他说，当时拍卖时可是罗伯特自愿的，没人强迫他，而且，在拍卖前，罗伯特完全可以让人鉴定，他自己不去做，这运气不济是自作自受。律师指着法律念道："如果双方意思表示真实，则买卖有效。"而且，他也找到了一个100多年前的法院判决。在那个案子中，一名妇女将一块石头卖给一个珠宝商，得1美元，当时双方谁也不知道那块石头的真正品质，但事后都得知那是一块天然的钻石，价值700美元。但是法院判妇女不能要回石头，因为法院认为，买卖时双方都知道是在买卖一个不知实价的物品，这里没有误解的问题。吉姆的律师同样信心十足地宣布：那钻石也不过是700美元，那案里妇女尚不能要回"石头"，在本案中，原告怎有理由要回700万美元的世界"绝笔"？！

法官最后还真是为难了，因为双方都说得凿凿有据，更为要命的是法律本身真有"矛盾"，双方律师搬出的法律与以前法院的判决，确有相互对立的地方。而且，深入至法律的深层观念，可以发现，法律一方面要求交易中要自我依赖自我谨慎，另一方面要求交易公平，而在现实的法律关系上就是不能两全其美。

因此，有的西方人提醒人们注意：即使在法治十分发达的国家，法律也会存在内在矛盾，在那里仍然有许多事情要做，否则，法律只是笼罩着"公平面纱"的不公平。

法律的最终效力

研习过法律的人都知道，在确定什么是法律时，很重要的一条，就是看看某个规则是否具有法律的效力。而要确定规则的法律效力，就要看看它是从哪里来的，是谁颁布的。所以，在中国，我们常会以为只要是全国人民代表大会制定的或政府颁布的，多半就是法律了。这是最常见的一种确定法律效力的方式。

不过，法律的效力问题还有另外一个方面，它所关心的是最终效力的问题。它通过一连串的询问，追踪法律效力最终是从哪里来的。

比如，假设甲和乙因合同纠纷闹到了法院，法院根据一项规则判决甲胜诉。我们可以问，为什么法院的判决具有法律的效力？回答是：因为它是根据一项规则而来的。

我们可以继续问：为什么这项规则具有法律效力？回答是：因为它是立法机关颁布的。我们可以再问：为什么立法机关制定颁布规则这个行为本身具有法律效力……显然，可以不断追问下去。

有人会说，这有什么可问的呢？国家机关制定颁布这个行为本身具有法律效力，就是因为国家是一种暴力机器，你不服从，它就要镇压你。

但是，现在不少西方人并不这么看。他们说，法律的最终效力源于社会规则本身，而不是源于国家的暴力。

我们先从逻辑上看看这种说法有没有道理。如果我们追问：为什么立法机关的立法行为本身具有法律效力？他们的回答是：因为社会上存在一种规则，其内容为“立法机关的立法行为本身具有法律效力”。为什么这样说？因为，当社会上大多数人承认或接受立法机关的立法行为时，这种大多数人承认或接受的行为本身就反映了一种规则的活动（因为规则的定义在某一方面就暗含了“行为模式”的意思）。

看来这种说法说得通。

然而，硬说法律的最终效力源于国家的暴力，这在逻辑上也没有什么毛病。的确，主张法律的最终效力源于社会规则本身的西方人并不否认这种“硬说”的逻辑力量。

那么，他们的目的究竟是什么呢？其实，他们的目的是希望将国家的一切行为纳入规则的轨道，如果说法律的最终效力源于国家的暴力，则表明一定有些国家行为（像暴力镇压、制定法律）在社会规则的约束之外。如果说法律的最终效力源于社会规则，那么国家制定法律的行为本身（更不用说国家暴力行为）就在社会规则的约束之内了。所以，要谈论“法治的国家”，首先就要谈论国家行为的规则约束，而要谈论国家行为的规则约束，似乎就要说法律的最终效力源于社会规则。

为什么要遵守法律？

这个问题可能提得挺奇怪。一般人都会认为，法律一旦制定出来，当然要遵守它，这种提问本身就莫名其妙。

不过，当一般人如此认为时，他们头脑中潜在地存在这样一种观念：法律是维护秩序和正义的，它就是公平的象征。如果下意识之中有这样的观念，上面问题的提出可算是庸人自扰了。

我们现在看看这种问题是否可以提出。

首先，我们肯定发现过，在历史上出现的某些法律我们一口咬定是非正义的，它们不仅可以不被遵守，而且实在有必要予以废除。像美国南北战争以前存在的黑奴制法律、我国清朝末年镇压老百姓的残酷的严刑峻法，以及我们时常提到的纳粹德国法律和南非种族歧视时期的法律，我们都会说:“可以不遵守它们，遵守它们实在是善恶不分!”这般看来，还是可以提出上面那种问题的。

其次，我们还会发现，人们遵守法律的动机时常是不同的。有的人是基于真心实意的道德原因，有的人是出于习惯，有的人是因为害怕惩罚，还有些人是为了达到自私的经济利益。总而言之，情况并不简单是:人们因为认为法律是公平的象征而遵守法律。如果不问问为什么要遵守法律，守法的基础势必不会那么牢固。换句话说，对待法律的态度，对于法律的运行十分重要。以此来看，也还是可以提提这种问题的。

所以，从古至今，西方人总在不遗余力地思考这个问题。

有的西方人说，为了社会有条不紊、井井有序，人们应该遵守法律;有的说，如果一个人自愿待在一个社会里，这个行为本身就已表明他愿意接受这个社会中的法律，不遵守就是自相矛盾，于理不通;有的说，如果一个人时常依赖法律的规定享受权利，那么他也必须遵守法律，否则在道德上说不过去，哪有“只要权利不要义务”的道德?还有的说，在一个社会中必须要有一个权威，这个权威不应放在人或神的身上，而应放在法律上，所以要遵守法律以维护法律的权威，而没有权威的社会根本不能成为一个社会。翻开洋人的书，你会发现不止这些回答，还有许多其他的甚至十分奇特的回答。

其实，西方人的各种解答都有一个共同的目的，就是希望给遵守法律的行为一个道德上合理的基础，同时也希望法律本身能够成为真正的公平与正义。他们完全知道法律有时要使用暴力来要求守法，但是又非常不愿意将遵守法律的行为看作害怕法律的结果。如果法律本身是良好的，而人们遵守法律也是出于良好的道德心理，那法治可就太理想了。所以，有的西方人总是说：对这个问题，一定要找到一个最好的答案。

绘画：纽伦堡审判（The Nuremberg Trials），英国女画家 Laura Knight（1877—1970）绘画于 1946 年。

法律形式上的正义

说一部法律好不好，可以从两个方面来谈：一是看它的内容如何，二是看它的形式如何。不过，长久以来，人们总是从内容上来谈法律的好坏，像纳粹德国时期的有关杀害犹太人的法律，二十来年前的南非种族隔离、种族歧视的法律，我们都会说它们的内容是不好的、非正义的。

现在，西方人倒是常常谈论法律的形式问题。法律的形式涉及这样的问题：(1)规定的内容是否清楚；(2)是否可行；(3)是否也管过去发生的事情；(4)是否公开；等等。西方人说，如果法律在形式上不好（如内容不清、秘密实施），则它也是非正义的；而如果在形式上都是非正义的，就要在其身上打个问号，问它是不是法律。

1943 年，纳粹德国在那些纳粹分子之中传达了许多秘密的“法律”文件，其中之一是有关宣扬对德国领袖不敬言辞的人如何处置的内容。当时，一般老百姓对此无一知晓。

1944年，有个叫冯·伦德的新闻记者，看到第三帝国的昔日辉煌不再，日渐对希特勒和戈培尔等人产生不满。他觉得，德国的衰落，纯粹是因为希特勒和戈培尔之流的疯狂弄权。在报社，冯·伦德有时见人就发牢骚，甚至指名道姓说希特勒尤其是戈培尔的蛊惑言论将德国人引入死亡之路。没过多久，冯·伦德消失了，谁也不知道他去了哪里。

第二次世界大战结束后，人们在盖世太保的“政治危险”人物花名册上找到了冯·伦德的名字，而且，在他的名字下面注有一行说明：“依有关秘密法律处决。”

对纳粹德国时期的法律，人们都有一个共同的看法：它肯定是邪恶的。但如果都是邪恶的、非正义的，还能不能叫法律？在大战刚刚结束的那些日子里，不少人毫不犹豫地认为它不是法律，许多西德法院的法官在审判纳粹战犯的案件时都是这么说的。

可是有些西方人倒是挺“小心”的，他们认为，从内容的角度来说一个规则不是法律可能有失慎重。因为，对实体内容的评判，完全依赖我们的道德观念。对纳粹，我们可以有相当一致的道德判断，但对许多其他问题如堕胎，我们可能会有不同看法甚至会有激烈的争论，如果因为对其有道德上的不满，能否直说允许堕胎之类的法律不是法律？如果能说，社会的法律秩序岂不时常要受到威胁？

然而，这些西方人却明确地讲，一个规则在形式上出现了毛病，则可以大胆地说它不是法律。法律必须公开，必须清楚，必须不溯及既往，从而让人们知道怎样行为。这样的话，即使其内容是邪恶的，人们也还能在知道的情况下躲避它的魔爪，冯·伦德也不至于连死了也不知道怎么死的，这也算是给人们留下一个保护自己的最基本的权利。另外，法治的最基本的要求不在于其内容，而在于形式，只有公开地告诉人们可以做什么不能做什么，才能谈到法律的治理。所以，不仅存在形式正义的问题，而且它是法律的最基本的问题。

法无明文不处罚

按一般人的理解，法治的一个重要含义是：法无明文不为罪，法无明文不处罚。

这个含义有一个十分重要的伦理依据：如果一个人被明确告之不能做什么之后他还做，那么对其惩罚便可成立；反之，则不成立。而这个根据又类似中国人常常说的一句话：知者为罪，不知者不为罪。值得注意的是，在西方法律文化中，“法无明文不处罚”的原则被严格甚至机械地恪守着。

几年前，在澳大利亚悉尼北部的曼利海滩，越来越多的浪漫裸体运动爱好者开始出现。他们不仅玩耍嬉戏，而且时常带有挑逗性地“炫耀”自己身体的动人之处。他们觉得，这才是与大自然融合在一起。

当地的曼利市政府感到这类裸体运动实在是有碍观

瞻，而且易诱发邪念，决定“依法”加以禁止。政府相信，过去的澳大利亚人是保守的，所以一定有明确的法律规定禁止这类伤风败俗的裸体展示。经过一番仔细查找，官员终于发现在1919年澳大利亚颁布的一部《地方政府法案》中，有这样的规定：市一级政府可以在游泳者“着装不当、修补不当、衣料透明等不文明”的情况下，禁止游泳者的行为，而且可以对其提起法律诉讼。可是，令政府感到苦恼的是，这项法律规定并未提到裸体游泳问题。其实，不少澳大利亚人早就知道法律有这样的规定，所以，他们并不“着装不当”或者“衣料透明”，而是干脆一丝不挂。

怎么办？政府经过研究，终于拿定主意还是向法院起诉，它以为，“着装不当、修补不当、衣料透明”等都是由于易被他人窥视所以才被当时政府禁止的，而裸体游泳本身就属于明目张胆引人窥视，所以理当属于禁止之列。政府相信，法院肯定会采纳它的这个推理。

裸体游泳在澳大利亚召来的评价是毁誉参半。赞扬者说，裸泳并没妨碍他人的自由，至于他人窥视进而出现邪念，完全是窥视者自己的问题，所以，应该惩罚的是窥视者而非被窥视者。反对者说，人们许多行为的过失是由于被诱惑，故诱惑是根源，自然应予消除。不论怎样，他们都以为，法院会在这两个道理之间选择一个。

然而，法院并未选择赞扬者或反对者的意见，更没有拿政府的推理当回事。法院认为，法律明确规定了各种不当着装的法律处罚，没有明确规定不着装的情形，因此，正是因为没有明确规定，法院只能判决驳回政府的起诉。法院补充说，如果涉及公民的法律处罚，法院必须慎而又慎，而慎而又慎就必须“法无明文不处罚”。

通常来说，在西方国家，有两个法律领域绝对遵循了这个原则：一是刑事处罚，二是行政处罚。西方人以为，这两类处罚是政府对公民行使权力的集中体现，所以万万不能“灵活运用”（在其他法律领域如民事权利义务，当然可以灵活）。有人可能会说，如此这般，就会使某些在道理上该受惩罚的人有恃无恐。但是，西方人肯定会坚持自己的看法，因为，他们从来就相信政府的“灵活”权力带来的弊端远大于应受惩罚的人漏网所带来的弊端。

无罪推定

提起西方人的刑事官司，对其略知一二的人都会说到“无罪推定”。这东西是讲，在把被告人推上审判台哪怕是押上来时，都要首先假定他（或她）无罪；对其起诉的一方即原告方，必须运用证据证明被告人的确有罪。

我们坐在看席上观察一下审判过程，总会感觉到，如果被告那小子被押上了审判台，他多半是犯事了，或者他极为可能就是罪犯。既然如此，何以要假定他无罪？正确的说法应该是，既不假定他有罪，也不假定他无罪。

1911 年，英国一家法院审理了一起虐待少年罪案。被告人叫曼斯菲尔德。此人平时怪异，不喜好结交，但特别爱“注视”男性少年。一天，他将一名他十分喜欢的男孩叫到他家里，说要教他下国际象棋。男孩不知深浅，跟着去了。到了家里，那国际象棋还没玩到第二局，曼斯菲尔德便“色相毕露”，开始纠缠非礼。男孩惨遭毒手后，心灵大受伤害。警察接到报案，将曼斯菲尔德带走拘留。对上述事实，不仅有许多物证旁证，而且这家伙自己也供认不讳。

没过多少天，法院开始聆讯。当警方把曼斯菲尔德带上法庭时，法官宣布：现推定被告人是无罪的，控方必须提供足够证据证明被告人有罪，法院才能作出有罪判决。当时，被害人父母也在想，那些证据已是确凿无疑，为什么还要推定那可恶的家伙无罪？

不应怀疑，西方法律人士也知道当被告人被诉上法庭时，差不多总会有证据证明他有罪，至少可说他极可能有罪，可他们还要这样推定，而且在许多法律中就这么把它规定下来。为什么？

西方人认为，在打击犯罪活动的同时，要警惕被告人的自由权利受到侵害的可能性。当被告人还未被最终证明有罪时，他像其他人一样也有权利。而且，有时完全可能出现被告人被冤枉的情况，而冤枉了被告，损失通常是无法挽回的（如人被处死刑后不能复活）。这样，在刑事官司的过程中，就要设置制度来保障权利。这种制度之一就是“无罪推定”。

西方人说，“无罪推定”是一种制度选择，与人们认识客观的活动这一问题无关。如果从“认识活动”角度来说被告人，人们当然要讲他“既可能有罪也可能无罪”。可从价值选择角度来看，人们恐怕就要讲他“无罪”。法律问题许多都是制度选择的结果，它涉及价值观念，“无罪推定”的出发点就是价值选择。以此来说，我们可以认为，正是看重权利，所以西方的法律制度有了这一选择；如果看重义务，历史和现实也许就是另外一种样子了。

英国兰开斯特老法院建筑顶端的正义女神雕塑

照老规矩办

在英语国家，你可以发现，法官特受人尊重。你还可以发现，与我们中国甚至许多欧洲大陆国家不同，那里的法官居然可以“立法”。对英语国家法律略知一二的人一般知道，那种“立法”形成的法律叫作“判例法”，就是说，一旦一个法院（通常是高级法院）作出一个判决，后来法院在遇到类似的案件时要“照老规矩办”。

举例说明。

1922年的一个夏日，英国一个叫泰勒的小孩跟随父母去公园游玩，那天风和日丽、景色宜人，一家子好不快乐。到了中午，老泰勒和太太有些疲倦，就对小泰勒说，你自己玩吧，我们要休息一下。小泰勒玩兴正浓，听到这话便登时离开爸爸妈妈，风似地四处乱跑。一会儿，小泰勒钻进了一个院子，那里长满灌木丛，抬头可见各类果实。但是，那些果实有几类是有毒的，越好看的越有毒。小泰勒不知深浅，摘下个最漂亮的果实两口吃了下去……没过多久，小泰勒口吐鲜血不省人事，被送到医院后证实已中毒死亡。

老泰勒二话不说，把公园的所有者格拉斯哥公司告到法院，要求巨额赔偿。而被告认为自己没有任何责任。主审法官阿特金森说："被告的责任是不可推卸的，因为，第一，在这类案件中，被告完全应该明白，那些漂亮的有毒果实对小孩极具诱惑性；第二，玩弄品尝这些果实对人们是有害的危险的，这一点小孩肯定一无所知，而对被告来说则是常识；第三，被告对果实没有采取有效的围栏措施。"就这样，格拉斯哥公司赔了一大笔钱。

十多年后，发生了一个类似的案件。一个叫比尔的小孩跟着母亲到另一公园游玩。当时，公园用一些彩色塑料物质制作了许多假的水果摆在公园进口处，小比尔看到后口水直流。凑巧的是，也是在中午，他妈妈正在休息，小比尔自己跑到公园的进口处拿起一个像葡萄的"水果"就往嘴里塞……由于塑料有一定的硬度，"水果"正好卡在小比尔的嗓子上，致使其断了气。

在这个案件的审理中，法院重复阿特金森法官的理由，并说小比尔案和小泰勒案在主要事实上是相似的，法院必须照老规矩办，因此，对公园的所有者指出，必须赔偿大笔钱方能了事。

“照老规矩办”——法学家把它叫作“遵循前例”，源自12世纪的一个偶然的法律历史的发展。那时，英国王室派出巡回法院四处审理案件，并将判决作为以后法官判决的先例。经过若干世纪，这倒真成了举世闻名的“判例法”制度。

人们说，判例法有许多好处：(1)可使后来的法官判案时省时省力；(2)可以保持法律的统一性和稳定性；(3)判例明白易懂，再没有文化的人也知道它是怎么回事，于是法律就有了确定性和可预测性。后来，又有人给它增加了一个优点：判例法是法官阶层创造的，它代表了一种精英法律文化；如果说民选的立法机关代表了普罗大众法律文化，而这种文化有时不能高瞻远瞩，那么，判例法之中的精英法律文化则可起到有益的纠偏作用。如此看来，“照老规矩办”的确是有意义的。

私领域中的程序第一

解决任何问题都要有一个方法或者形式，这就是人们常说的程序。一般来说，人们都觉得程序只是一个手段问题，它比起要解决的实体问题来，显得并不那么重要。比如，两人因为一个东西的所有权发生纠纷，人们可以有许多方法加以解决，或用调解，或用判决，或用谈判，或投硬币看运气，或干脆下个行政命令，而只要这些方法可以达到公正的解决目的就行了。所以，“方法为目的服务”或“方法本身无所谓公正”的说法，常常挂在某些人的嘴边。

但在西方国家，有人却认为作为方法的程序是再重要不过的。他们说，如果程序设置不当，则一个物品所有权的纠纷的解决不可能公正，而且这程序自身同样有个公正与否的问题。

19世纪末，荷兰的一个边远乡村的两个农民，因为一片果林的所有权发生纠纷。农民甲说，这片果林是他爷爷的家业，而乙说是他的曾祖父在去世时交给他的爷爷的。果林已有80多年的历史。村史记载，当年一个叫范·古伦伯的人从城市逃到这里避难，为了不引起他人的注意，天天风雨无阻地栽种果苗。没几年，果林已是茂密喜人。后来，不知从哪里来了一伙人把他杀了，果林就这么留给了后代。甲乙两人的曾祖父就是古伦伯，当古伦伯去世时，两人的爷爷（亲兄弟）相处得很好，从未因果林的事情发生过什么争执。

在郡法院，由于乙拿出了古伦伯给自己爷爷的几封信，信中说古伦伯觉得这个儿子有出息，想让他日后管理并拥有果林，而将剩余钱财给另一儿子，法官便觉得毫无必要再听甲的辩解，照判乙拿走果林。

但在上诉审理的过程中，法官则给予甲乙两人充分辩论的机会，让他们把证据全部拿出来，让他们把话都说完。结果，法官发现并没有确凿证据证明乙的主张，因为甲也拿出了类似的证据说明古伦伯曾经想把果林交给自己的爷爷。法院只好判果林对半分。

可以看出，不同的审判程序自然会有不同的审判结果，好像并不是什么程序都可以导致公正的结果。这就不奇怪为什么有的西方人说“程序决定着公正”。

雕塑：正义和历史的雕塑作品（Justice and History Sculpture）。美国雕塑家 Thomas Crawford 创作于 1860 年，作品位于美国联邦国会大厦内。

法院的“救济”

前些年，我们最为津津乐道的是民可以告官了。一部《行政诉讼法》，告诉我们如何在法院和“官府”之间争个理儿，告诉我们官也可以吃官司。对国人的法律传统来说，这当然是一个了不起的革命。但是，“民告官”的法律毕竟是舶来品，在洋人那里早已有之。而且，虽说同样是民告官的法律，可咱们与洋人背后的观念却大有不同。洋人常说，“行政诉讼”的意思是“行政救济”。

十来年前，一伙美国最底层的“难民”告了纽约州政府一大状。

那阵子，纽约州订立了许多有关在特殊情况下州政府要提供社会服务的法律，而且专门为此设立了数个小“衙门”。法律说，如果有人因意外事件失去了自己的住处，或因没有安全保障从而导致自己的住处无法居住，“衙门”官员一定要提供适当的避难所，让不幸的人感到政府的温暖。

有个叫威廉·桑德斯的人，因为一场意外大火把破烂不堪的家给烧掉了，只好拉着孩子来到州“衙门”，要求给一个适当的“窝儿”栖身。桑德斯为人厚道老实，但相貌实在不敢恭维，不仅如此，乍一看还会觉得此人狡邪奸诈。州“官”询问时，总觉得桑德斯是有意“纵火”烧掉自己的房子，所以，丢给他一个表填，说了声“等着吧”，便将他请出了大门外；差不多两个月后，才通知他有房子可以“避难”了。而且，桑德斯还未把“窝儿”住暖，州“官”又将他举家赶出而毫无理由说明。

另有一个叫帕特·戴恩娜的妇女，自己一贫如洗，外加 3 个不到 10 岁的孩子，生活真是不易。因为没钱，一家四口只好住在最为繁杂又不安全的一个闹区。孩子天天要上学，可每次回家时，要么遍体鳞伤，要么精神恍惚，因为总有一群“恶人”对他们拳脚相加，肆意打骂。无奈，戴恩娜只好找州政府，要求安排一个安全的住处。可那数个小“衙门”，居然差不多相互推诿了一年，说戴恩娜的

“困难”不归自己管，弄得戴太一家大小哭诉无门。

还有几个“难民”，不是被州“官”拒之门外，就是被安排在破旧不堪的小屋内……

于是，他们联合起来，根据法律要求法院“救济”。“救济”什么？第一，因为精神受到刺激了；第二，责令州“衙门”提供像样的住所。法院毫不含糊，判州“衙门”一百个不是！法院说，行政诉讼就是依法对“民”的行政救济与宽慰。

洋人的一个观念是：“官”就是“管”，而“管”就是运用权力。当面对权力时，“民”时常会处于不利的弱者地位。因此，一方面，要对“官”的权力严加“看管”；另一方面，“民”首先需要的是救济，需要另一种法律力量的支持。靠谁救济？当然是法院。如此我们便会理解，为什么洋人常说，行政诉讼就是行政救济。

这幅正义女神绘画位于美国宾夕法尼亚州议会大厦（Pennsylvania Capitol Building）的圆形大厅天花板上。议会大厦位于州首府哈里斯堡。

天平上的权力与权利

“照章办事”，这是咱们经常可以听到的一个口头禅。这话是讲，只要拿着“章典”（行政规章）当令箭，凡事便算是依法行政了。因为我们容易以为，“章”一定是法律的一个延伸，而不是行政权力的一个延伸。

可洋人有时却和我们有不同的看法。他们说，“章”是行政权力的“符号”，其本身还不能算作法律，不仅如此，还可以将其放在法律的天平上“称一称”。

几十年前，美国有个叫德拉斯的面包师和一面包作坊签了一份简单的劳工合同。合同讲好，德拉斯每天干 8 个小时，作坊每小时付给德拉斯 8 美元。由于德拉斯手艺精湛，烤制的面包人人喜爱，不到 2 个月的工夫，那作坊已是生意红火，财源滚滚，看着惹人心痒的“银子”，德拉斯和作坊的老板又商定，德拉斯每天再多干 4 小时，作坊每小时多付 4 美元。两人下定决心，钱要往死里赚。于是，作坊“通宵达旦”，德拉斯“挑灯夜战”。

当地有个劳工管理委员会，专司劳工合同。它发现，德拉斯不仅白天干，而且晚上“开夜车”。委员会翻了一下手中的“章典”，断定这小子“超时工作”。原来，委员会的“章典”明文规定，一般劳工工时每天不得超过 10 小时。

如何处理？罚款！委员会开了个罚款单，上面标明德拉斯和作坊的老板赚多少就罚多少，并称这是标准的“执法如山”。

德拉斯和老板不服气，心想，合同是两厢情愿，双方得利，政府有什么权力干涉？他们向法院呈了状子。委员会被这么一告，火冒三丈。在法庭上，委员会特别指着德拉斯骂道：“劳工章典就是劳工法，它可是保护像你这样的劳工的，生怕你累着，被人榨干了血！你小子真不知好歹！”德拉斯说：“委员会的情儿咱领了，但我就想多赚钱，家里有七张嘴等着开饭呢，而且，即使累着咱也乐意，不用您操这份闲心……”

法院并不考虑委员会是否“依法行政”，也没考虑德拉斯是不是死皮赖脸，它只是在想：一方面，美国宪法赋予了政府机构管理权力；另一方面，又赋予了公民契约自由的权利，委员会的章典是以行政权力制定的，德拉斯和面包老板的合同是以自由权利制定的，哪个在法律的天平上缺斤短两？最后，法院还是认为德拉斯和面包老板的合同足斤足两。

洋人有一概念：行政机构为了管理，免不了要制定具体细节的“章典”，可这不意味着“章典”就是法律，如果认为这也是法律，便会给予其无可置疑的权威，从而使行政权力有可能恣意扩张，无从制约。

“片警”的援助义务

一个地方的治安警察，简称“片警”。谁都知道，这片警的权力着实不小。在咱们的印象中，只要想管，大到杀人越货，小到吃喝拉撒，他都可以过问。咱们会觉得，对片警而言，凡事似乎不在于“能不能管”，而在于“想不想管”。换句话说，我们容易从“有权力管”的角度想象片警。

可在洋人国家，人们倒更是时常从“有义务管”的角度想象片警。

十多年前，美国的一个小城镇发生了一起殴打事件。肇事者布兰葛，一个小男人，三十出头。受害者科彻尔，姣妍靓女，二十打住。说来奇怪，那天科彻尔既没招谁也没惹谁，从药店出来，愣是横遭布兰葛一顿毒打。后来才知道，那布兰葛有轻度虐待症，打小就喜欢打人而且喜欢被人打，尤其遭人白眼时更好挥舞拳脚。他见科彻尔标致可人，希望她能回眸一望，可科彻尔就是没能给个面子。于是，布兰葛三步并作两步，上去便施以暴力。

当时，药店的两个伙计准备外出订货，一出药店门口就目睹了一切。开始，他们以为这一男一女是小两口，因为琐事从“文斗”到“武斗”，没有在意。岂料，那科彻尔的哭叫呼救声越发惨烈，伙计们终于发觉事情不妙，马上向片警卡尔森报案。

但卡尔森听到报案后，只说了声“知道了”，便继续品尝自己的咖啡。几分钟过后，布兰葛将科彻尔拉上车，带到另一地方继续殴打。最后，科彻尔遍体鳞伤，精神失常。

布兰葛要吃官司，这是没有问题的，可卡尔森是否应负责任？科彻尔的亲人不仅告了布兰葛，而且告了卡尔森，要他俩一起赔钱，理由是布兰葛伤害，卡尔森失职。法院也是毫不犹豫，判两人一律照单赔偿。法院宣布，布兰葛那厮是罪不容赦，而卡尔森这小子是“官”德败坏！

许多洋人认为，公职人员的工资来自纳税人的纳税，而税是纳税人的“血汗钱”。所以，这类公职人员是纳税人养活的。既然如此，片警的失职就是“官”德败坏（等于白吃白拿）。在紧急情况下，片警的援助不仅是“法律权力”，而且更是“法律义务”。如果片警真挺身而出，拔刀相助，那也是理所应当的，而不是什么在做好事甚或“恩赐”。针对片警，洋人不会想到“想不想管”，只会想到“不能不管”。

这事要是发生在我们这里，我们会觉得片警是在做好事，应该深表谢意才是。可洋人觉得那是理所应当的，因为片警不是在吃“皇粮”，在拿“俸禄”，而是在拿普罗大众这些纳税人的“血汗钱”。

无效的诱供

让犯人说出自己的犯罪事实，方法是多种多样的，诱供就是其中一种。一般来说，人们总有个想法，只要能达到目的，手段并不怎么重要，因为手段还是为目的服务的。这样，只要诱供可以证明犯罪，诱供本身似乎不可过多指摘。的确，如果因为诱供的是非争吵而忽略了犯人的实质性犯罪，那才是得不偿失。话虽这么说，西方法律文化还是要在诱供这个“手段”和证明犯罪这个“目的”之间摆个平。

前两年，美国亚利桑那州法院审理了一起强奸谋杀案。被告人是个中年男子，叫奥勒斯特·富耳米纳特。此人负案多多，一年之内血债累累，数年前还因持枪犯案而被投入了美国一所联邦监狱。在服刑期间，有人向警方透露，富耳米纳特不仅强奸了自己的继女，而且将她杀害了。警方迅速提审了富耳米纳特，可是这家伙却矢口否认。

一天，有个叫撒拉理沃的同监犯人富有同情心地悄声对富耳米纳特说，他特别喜欢听强暴杀人一类的事情细节，如果富耳米纳特将自己的犯事一五一十地说一遍，他将帮助他尽早出狱，保证万无一失。富耳米纳特出狱心切，便相信了撒拉理沃的话，果然将犯事告诉了他。富耳米纳特绘声绘色地讲述了如何窒息强奸那位女子，如何为了灭口用两颗子弹打穿了她的头……

岂料，这个撒拉理沃是警方出钱收买的线人。他第二天就将所有“情报”告诉了警方。结果，撒拉理沃的证词使亚利桑那州法院得以重新判决富耳米纳特死刑。改判后，案卷送往联邦最高法院审批。人们相信，富耳米纳特这回可是九死一生了。然而，联邦最高法院经过一番激烈的争论，作出裁决推翻亚利桑那州法院的判决。理由很简单：警方利用富耳米纳特怕死的心理非法诱供获得的证据不能作为定案的依据。

在西方法律中，“正当程序”是一个十分重要的概念。

所以我们经常可以发现诸如“非经正当程序不得……”之类的法律规定。这个概念骨子里包含这样一个担忧：生怕政府利用官方的权力侵犯公民的个人权利。诱供之所以有时被视为不正当，是因为它可能会使被告人作出非真实的供词，而这种供词可能会使他受到不应有的惩罚。最为严重的是，诱供一旦被广泛使用，公民的个人权利便可能在官方权力的冲击下荡然无存。

当然，西方人也知道，政府利用权力证明犯罪有时在某种意义上同样是为了一般公众的个人权利。可是，他们同时又觉得，即使是为了某种个人权利而牺牲另一种个人权利也实在是不应该的，因为，我们毕竟无法断定哪种个人权利更重要。

官方面子

有人说，在西方国家，记者以新闻报道形式揭露官方的丑闻不仅是一项重要的民主自由，而且是一种“权利对权力的制约”。不过，有时情况并不像人们想象的那样乐观。

几十年前，英国两名记者通过秘密渠道，得知英国海军部门内有一名间谍，而且得知有两名高级官员曾主动使这名间谍避开海军部最严密的保密审查。于是，在极强的爱国责任心的驱使下，他们将其公之于世。消息传出，英国上下一片哗然。不久，国会决心将此事调查个水落石出，派出拉德克利夫勋爵亲临主持。

勋爵问记者：“你的消息是从哪里来的？”记者闭着眼说：“我们拒绝回答。”勋爵又问：“你们能否问问传给你们消息的那个人，他是否愿意把这个消息的来源公开？”记者仍然闭着眼拒绝回答。

勋爵无奈，通知总检察长将两名记者告到了法院。法院二话没说：判两名记者六个月的监禁。当然，记者不服，将案子上诉到英国上诉法院。

记者认为，为了公共利益，肯定要秘密地获取消息，然后向全世界宣告，只有这样，才能将公众的注意力引到他们应该知道的问题上。他们有权揭露不法行为和失职行为，否则这些行为就会存在下去。如果他们不保密消息来源，就得不到消息，而且，提供消息的人知道自己将被暴露，就不会向记者开口。

但是，上诉法院的大法官却说：“如果记者不告诉法院消息来源，那么谁知道消息是不是捏造的？即使不是捏造的，谁又能保证它不是某个好事之徒为哗众取宠而散布的流言蜚语？除非说明消息来源，否则只可能是传闻。传闻对国家是有害而无益的！”

接下来是，上诉法院法官大笔一挥，维持原判。

英国是判例法国家，这就是说，上级法院的判决对日后的下级法院在类似案件的判决上具有约束力。所以，这一案例的影响颇大。其实，此一判决作出后，数十年来，英国的各级法院都曾以此作为震慑新闻界的尚方宝剑。这一案例告诉记者，新闻报道不仅可以引起私人的面子（名誉）官司，而且可以惹起官方的面子官司。

美国市民在酒馆庆祝解除禁酒令

因势利导的缘由

在中文里，“因势利导”是一个暗含管理者沉稳智慧的词儿。世上肯定有许多要管的事，如何管？是硬着管还是因势利导？这里便见出沉稳智慧的问题。不过，我们不大关心为何要因势利导，因为我们容易认为，能够因势利导这本身已足够了。

洋人的语词里也有这个词儿，但他们的理解却要多一层。他们相信，就作为管理手段的法律来说，对因势利导本身的单纯认识是不够的。

1917 年，美国国会宣布禁酒。有人对酒很反感，说它是兴奋剂，时常令醉鬼滋事，令暴徒壮胆，对好人身体也是有百害而无一利。经过唇枪舌剑，反对者如愿以偿，赞同者痛失“美酒”，更叫饮酒者心碎的是禁酒令居然还写进了宪法，号称第十八修正案。其实，那酒就像烟一样，对人及社会并非就是一无是处，仅仅是因为在美国国会议员中，反对者一时声势浩大，才使“喜”酒的正当理由败给了“厌”酒的口诛笔伐。

老百姓可是不管那么多，明着不能喝就暗着喝，因为太多人喜欢“喝上一盅”了。从第十八修正案生效起，美国人来了个“农村包围城市”，先从边远地区进口外国酒，运到乡村建立饮酒根据地，然后再向中小城市进发，建立“白区”饮酒联络站，到了第二年、第三年，秘密喝酒终成燎原之势。就在那时，不仅人们的饮酒量大大超过了禁酒令发布之前的年月，而且，饮酒者更觉酒之珍贵，使酒价值直上云天。

时隔数年，立法者终于开始反省第十八修正案。他们在思考三个问题：第一，对酒应是强行禁止还是因势利导？第二，当用法律进行管理时，遇到百姓置之不理怎么办？第三，法律的基础是什么？他们认为，这三个问题是相互联系的，对第一个问题的不同回答意味着对第二、第三个问题的不同回答。如果应该强行禁止，则当老百姓置之不理时便要严刑伺候，此时法律的基础便是专制；反之，如果应该因势利导，则当老百姓置之不理时立法者就要反躬自问法律是否适时适势，此时法律的基础是民主。

1933年，美国国会废除了第十八修正案，但并不因此对饮酒造成的弊端不闻不问。国会说，酿酒、运酒、卖酒和饮酒都是合法的，然而对借酒闹事、酗酒肇事仍将严惩不贷。事实上，大多数嗜酒的人也都反对酒后的不良行为。所以，对国会的新举措他们同样拍手称快。国会立法者对自己因势利导的法律管理暗自庆幸，每当回忆起这段历史时都乐不可支。

许多洋人的潜意识是：因势利导的缘由在于顺乎民心民意，因此，法律管理中的因势利导的缘由也在于此，而管理者智慧的缘由照样在于此。

你说什么法官裁断什么

如果你打过官司，你一定会有这样的经验：在审查案件的有关情况时，法官总要问你一些想不到的问题，换句话说，法官并不限于原被告双方提出的事情来审查案情。比如，一个人借了另一个人的一笔钱不还，前者告到法院要求还钱。前者说，那家伙借了钱至今不还，故应还本钱。法官在这里不仅要问被告是否真的借了钱，而且要问原告是否要求利息，问为何要借钱给被告以及被告为何要向原告借钱等其他问题。

我们会这样想，问这些问题干什么？人家要求本钱给他本钱就完了，借钱的原因与是否借了钱有什么关系？借钱就应还钱嘛。不行，我们的法官一定要问这些问题，因为他们想知道所有的要求与“事实”。

但在许多西方国家，法官可不这么“自找麻烦”。

许多年前，美国的一个地方法院审理了一起契约纠纷案。原告是汤姆，被告是一家汽车公司。汤姆是个打工仔，年近不惑才算有了点积蓄，为了向女朋友显示自己不属“穷酸”阶层，咬着牙去汽车公司买了一辆车。购车契约上标明了车价、车型、保修期限、付款方式和质量要求等，看上去可谓条款齐全。

没过一年，汤姆驾车去另一个州旅游，由于车出了毛病失控，撞在了路边的水泥围墙上，不仅自己血流满面，而且女朋友也伤筋断骨。后来查明，因为车的刹车系统有问题，而这问题完全与车的质量有关。

汤姆告到了法院，他挥舞着契约说，根据契约的条款汽车公司必须赔车一辆。汤姆不知道根据美国的判例法，在他这类情况下，他还可以要求赔偿医疗费和精神损失费，即使在购车契约中毫无这样的约定。

法院不管那么多，按汤姆的要求判他胜诉，根本不问汤姆是否要求其他赔偿，是否有其他有关的“事实”。汽车公司也没二话，服判。这案子就这么了结了。

西方人认为，法律尤其是实体（与程序相比）方面的法律，是一种人的权利制度，其设置的出发点主要是主体的权利保护。既然如此，显然就没有必要去问这问那。人们完全可以放弃自己的权利。而且，问这问那实在有干涉权利之嫌。

此外，西方人说审判要简洁而有效率。这样，当事人只须说出“要求”、“案情”和“理由”，只要你的理由支持你的要求，你说的案情又支持了你的理由，法官就必须思路清晰地判决了事。法律毕竟是一种制度的安排，它不可能在“已经发生了的事情”上费神地转来转去。如果法官问这问那，许多案子便要搁置许久，有的甚至永远都无法了断。因此，法官一定不能太“辛苦”了。

“事实”和“证据”这两个词

现在我们都知道，法院在审查案件的时候要解决两个问题：一是“事实是什么”；二是“法律是什么”。我们常说，如果发生了案件，那么一定发生了“事实”，而只有确定了事实才能戴上“法律的眼镜”判决案件。

这样，“事实”这个词在我们的法律语汇中具有了举足轻重的地位。它暗示着我们头脑中的一个潜层观念：可以像当事人亲身经历那样看看实际发生了什么，而且法院审判的功能就是在此基础上裁判过去的事情。

然而，西方人却有另一种看法。他们认为，事实是无法而且也无须像当事人亲身经历那样被发现的，法官能够“看到”而且只须注意的只有证据。

先看一个例子。

很久以前，有个名叫贝纳多的意大利人，他在上大学读法律的时候，特别喜欢观察人们之间的各类经济交往。他常去股票交易所、期货市场、轮船卸货码头和抵押登记处游荡，看看人们在法律规则的“齿轮”中是如何做生意的。一次，他亲眼看到一个人因为手头紧而向另一个人借了一笔钱。当时，那两人是很好的朋友，双方没有立下字据。没过多久，借钱的人想赖账，出借人只得拉着贝纳多做证人去当地裁判所告一状。

后来，贝纳多毕业了，经过几年磨炼终于成为地方法院的法官。巧的是，有一个原告声称被告借了钱，也无字据。更麻烦的是，原告不仅没字据，而且没证人。贝纳多觉得被告很可能借了钱，可是看到原告没啥证据，只得判原告败诉。

在前一个案件中，贝纳多是一个“亲身经历式”的证人，他实实在在看到了所发生的事情。在后一个案件中，贝纳多是一个断案的人，他只能看到双方提供的证据。可以发现，作为法官的贝纳多无论如何也不能像作为证人的贝纳多那样“看到”发生了什么。

不过，西方人更为强调的是无须“亲身经历式”的查明。因为他们觉得“事实”是一个“实际已发生”的概念，而“证据”既是一个“实际已发生”的概念，又是一个“制度安排”的概念。“制度安排”是说，你将来在做什么的时候要注意制度上的要求，或者说都要留有凭据，这样社会活动就会有条不紊，纠纷就会不断减少，交易成本就会不断降低。在上述后一个案件中，可能原告真的借给了被告钱，但是还要判他败诉。判他败诉就是提醒他以及其他人，以后在借出钱时留个凭据。这样，法院审判的功能还指向了将来。

“制度安排”的意思还在于，法官必须是一个“局外人”，他的工作是裁判而不是“证实”，他要在争议中确定是非而不是做证人。如果像当事人那样“亲身经历”，他便等于忘掉了自己的社会角色；而且，一味地想要“抓住事实”，势必会在证据之外主观地揣测事实从而造成是非不分。所以，西方人总会讲：在判案时忘掉“事实”这个词，记住“证据”这个词！

荷兰阿姆斯特丹王宫建筑上端的正义女神雕塑

自由心证

1952年，荷兰的一个地方法院审理了一起刑事案件。被告名叫安鲁斯。控方说，有如下几处证据证明安鲁斯犯有盗窃罪：(1)有目击者看到一个极像安鲁斯的人在案发时间经过失窃住宅；(2)有目击者看到一个人在案发时间穿着一件花色衬衫从失窃住宅后门跑出去，而在案发前两天，另一目击者看到安鲁斯穿过极为类似的花色衬衫；(3)失窃住户称被盗数千元，而有人证实在案发第二天安鲁斯就在赌场上输了数千元；(4)安鲁斯以往好吃懒做，爱贪小便宜；(5)刑事鉴定表明，现场虽然没有安鲁斯的指纹，但有安鲁斯的皮鞋印。

安鲁斯坚决否认自己犯有盗窃罪。他的律师也拿出了几个颇有反驳力量的证据：(1)在安鲁斯居住的镇上另有两个人长得挺像安鲁斯;(2)在该镇上至少有十多个人有安鲁斯穿过的那种花色衬衫;(3)安鲁斯穿的皮鞋在当地也几乎是人脚一双。

法官经过一番思索,正式宣布控方的证据不足,被告无罪释放。理由是:对控方的证据可以提出“合理的怀疑”,而基于法官自己的内心确信,安鲁斯有可能没犯盗窃罪。

凭内心确信来对所有证据进行“扫描”,看看能否提出合理的怀疑,大致来说就是西方人津津乐道的自由心证。在当今西方,自由心证相当普遍。

不过,据历史书籍记载,在自由心证以前盛行的倒是法定证据制。法定证据制是说,在判断证据时要以法律的规定为依据。如果法律讲,必须要有安鲁斯自己的供认不讳或者两名直接目击者看到安鲁斯实施盗窃这类直接证据和其他间接证据(像上面所说的)方可作为依据,那么,只有间接证据是不能“拍板定罪”的。

法定证据制是有缺点的。第一,它有时会束缚法官的正确判断力,因为在某些情况下,恰恰是法律没有规定的证据能发挥至关重要的证明作用;第二,为了获得法定的证据，执法人员有时会不择手段（如对被告人或证人刑讯逼供）。

而自由心证恰恰可以弥补法定证据制的这些缺点。它可以刺激法官的主观能动性，使任何可能的证据发挥应有的作用，而且使“不择手段”成为毫无必要。

除此之外，使西方人最为兴奋的是自由心证可以和“公开审判”“口头辩论”等极为生动的诉讼原则有机地协调在一起，而法定证据制则和这些原则显得格格不入——采用法定证据制，“公开审判”和“口头辩论”好像真是多余的了。因此，西方人认为，为了现代社会的法律文明，就要采用“公开审判”和“口头辩论”；而为了“公开审判”和“口头辩论”，就要采用自由心证。

英王乔治一世时期的大法官法院（Court of Chancery During the Reign of George I）。英国画家 Benjamin Ferrer（？—1732）创作于 1725 年。这幅绘画描述的正是律师完全取代僧侣成为大法官的时代。

法庭上的“对抗”

如果现在常到法院里走一走看一看，你便会发现，我们法庭的民事审判方式，随着修改后的《民事诉讼法》的实施，正在进行着一场静悄悄的革命——由法官主审案件变为原被告双方“激烈的对抗”。

以往，凡是打过官司的人都会发觉，法官的角色有时实在令人敬畏。在法庭上，他不仅要向被告问这问那，而且会以同样方式询问原告。法官是个主角，所有问题几乎都要由他来提问，由他来查明。因为我们的文化观念相信，法官有足够的智慧和专业知识，他一个人独自思考案件是再稳妥不过的事情。

现在开始变了，法官已在慢慢地“退居二线”。他态度和缓而且不主动问这问那，因为问这问那是双方律师的事情。真正的主角是诉辩双方,他们相互据理“对抗”。法官的任务,是在一旁冷静地观察评判。

在英语国家,尤其是那个曾有“日不落帝国”历史的英国,这种“对抗”倒是有了几百年的历史。

在这些国家的法庭里,你会发现,衣冠楚楚的律师个个“神气活现”,他们有时颇为机智地向当事人或证人提出问题,在当事人及证人的回答中揭示“自相矛盾”;有时旁征博引,告诉法官或旁边的陪审团“法律究竟是什么”。他们会搬来一大堆法律的“书本”,说法律在这里或那里。

而法官却是不露声色,他在考虑谁的证据充分,谁说得有道理,他就像是真的相信“真理是越辩越明的”。

说英语的西方人认为,当双方当事人成为主角时,他们才会最为“投入”,才可能彻底地发挥才智,用证据和法律来充分说明自己的主张。而只有在这种情况下,中立的法官才会更有机会准确地在“对抗”中判断是非曲直。相反,如果法官是主角,他按自己的设想来询问来查证,那么,则可能会丢掉许多对案件十分紧要的思路线索。

这些西方人还有一个观念:法官在社会中是一个中立的形象,所以,他的作用本来就是“判断”而非问这问那式的"查证"。问这问那，有时就会不知不觉地偏向了一边，而偏向一边就不是"法律"的公正了。

如此讲来，我们法庭的这场静悄悄的革命，实际上是一场更具有文化意义的观念革命。

证人的麻烦

30 多年前，英国法院审理了一个人们议论纷纷的案件——查普曼诉霍尼戈案。

霍尼戈是一套房屋的房东。此人十分怪僻，喜怒无常。一天，他看一房客哈兰德不顺眼，便要强行赶走人家。于是两人为此发生了争执，而且还闹到了法院。当哈兰德和霍尼戈争吵时，另一房客查普曼听得清清楚楚，就知霍尼戈不对，霍尼戈完全是脾气发作而要赶走人家。在法院开庭审哈兰德诉霍尼戈"非法驱赶"时，查普曼在法官的要求下，证实了霍尼戈的确是"非法驱赶"。

谁知，这个案件尚未判决，霍尼戈为了报复便通知查普曼两天之内必须搬出。查普曼十分委屈，一来自己是迫不得已才出庭作证的，二来一搬出真是无家可归了。这样也到法院将霍尼戈告了，希望法院判决阻止霍尼戈的放肆。

一审法院颇为公道，它认为，没有一种法律制度可以要求证人作证，而在发现证人受到侵害时又拒绝给予救济。采用一切可行的手段保护证人是法庭的职责。否则所有法律诉讼制度都将一文不值。霍尼戈滥用搬迁通知威胁侵犯查普曼，是对证人的权利和义务的一种挑战。所以，霍尼戈必须收回搬迁通知。

可是霍尼戈气焰十分嚣张。他说，你可以判决我收回这个通知，但你无法阻止我不断发出新的通知。你判决一个通知无效，我就发出一个新的通知。看谁能折腾。

这样，有人就劝一审法院不要判霍尼戈的搬迁通知无效，因为这种判决的确意义不大。然而一审法院就是较真儿。它告诉霍尼戈，只要他不能证明搬迁通知与打击报复无关，法院就会判决所有通知无效，而且法院准备和霍尼戈“折腾下去”。

岂料，在上诉法院，法官还倒给了霍尼戈一个法律“理由”。上诉法院法官说，像房屋租赁这样的私人契约，法院是无法也是无权干涉的。房屋的所有权是霍尼戈的，他想租给谁就租给谁，不想租给谁，完全可以在契约租期满后就赶谁走，法院怎么能够强迫霍尼戈这样的私人业主必须把房租给谁呢？法院可以用其他方式惩罚霍尼戈，但不能因此而损害他的所有权。这样，反过来又判查普曼败诉。

二审判决后，霍尼戈神气活现地大步走出上诉法院，而查普曼则垂头丧气地慢步走回家，他发誓，日后再也不干这种“傻事”了。

在英国，这一判例告诉人们，证人有责任出庭作证，但是不能因此而享受对抗私人业权的保护权利。换句话说，当你正在使用或租用私人的所有物时，你可以而且应当证实业主的某些不法行为，但是，不能因此就保护你免受业主利用业权的刁难。

事实上，此判例一出，不利于业主的证人证言还真的越来越少了。许多英国人都在抱怨这是败坏了法律诉讼制度的尊严。但是，有什么办法呢？谁让许多英国人在另一方面又那么喜欢绝对的私有制？

好政府的寓言——锡耶纳的公社的局部：惩罚坏人。

防患于未然

不久前，电视报道广州一名男子因夫妻不和时常争吵，引爆煤气罐，与一家老小数口同归于尽。我当时看着不禁心惊肉跳。人们这般议论：这男的，太不像话了，自己想死不算，还拉着妻小老人。后来听说，那男子在“点火”之前的几天就大造舆论：一是他早就想去阴间地曹了；二是他不会放过对他不恩不爱的老婆。

我们肯定会想，当初为何不能有效地防止这类事情的发生？不过，中国的法律是不犯事不处置，就是说，法律与行为有关，与思想无关，无论那男子如何扬言，只能教育不能处置。所以我们不免会发现，有效的预防好像挺难。

20 多年前，一名叫图伦兹的意大利男青年，却因不断显露出犯罪倾向而被法院判决隔离监禁。图伦兹出身贫寒。其貌不扬，打小就自卑心重。他总觉得周围的人都看不起他，就是在经过一番拼搏考上大学之后，仍然自惭形秽。21 岁那年，他第一次谈情说爱，女方是大学同学，叫舒娃。舒娃开始很喜欢他，可是没过多久，就渐渐感到不堪忍受，因为图伦兹总是小肚鸡肠，一旦发现她和其他男人接触，就醋意大发。舒娃终于离他而去。

图伦兹不总结经验教训，他深信舒娃的"背叛"是因为他不够威猛，囊中羞涩。这样，在大学毕业后认识新女友时，他仍然我行我素。他的第二任女友叫艾丽。说来艾丽也算是仁至义尽，虽然图伦兹仍是心胸狭小，她还是尽量迁就。可是图伦兹依然胡乱猜疑，好像艾丽总有不忠似的，久而久之，艾丽也只有弃他而去。

两次感情失败使图伦兹深受打击。他认为，他不能赢得姑娘的芳心是因为姑娘骨子眼里看不起他，无论怎样努力，他都不可能获得成功。而且，由于成见日深，图伦兹对年轻女性不断仇视，在头脑中时常幻想将姑娘强奸后继而杀之。他把这些狂想记录在日记中，有时对朋友大肆渲染。

后来，一个朋友越来越觉得危险，在一次饮酒之后看了图伦兹的日记，更是不寒而栗。迫不得已，他将图伦兹的情况告诉了当地的警察。警察在详细研究了图伦兹的状态后，立即将其拘留，并由检察官交给法院处理，法院最后判处图伦兹隔离监禁并强制心理治疗。半年之后，图伦兹一切正常了。他出来后对朋友说，如果不被关进去，他恐怕无法控制自己的强奸杀人行为。

对于图伦兹这个案例，我们或许会问，为什么没有动手犯罪就可以由法院判处监禁？其实，在很久以前，西方人也是大体类似的想法，有了犯罪才可以判处刑罚。不过，没过多久，西方人刑法观念就有了重大改变。他们认为，刑罚既是为了惩罚，也是为了教育，同时也是为了维护社会的安全。如果为了教育和社会的安全，为什么不能在犯罪行为发生之前采取一些措施予以预防，即使这些措施带有处罚的意思？所以，他们觉得，应该在刑法之中加点“事发前”的惩罚，不能老是“事发后”才惩罚。他们把“事发前”的惩罚叫作“保安处分”，就某人有犯罪危险时，先予以“教育加防范”的惩罚。事实证明，这样做真有些效果。

没有过错的犯罪

学过刑法的人都知道，把一个人视为罪犯，或把他的行为叫作犯罪，是因为他既有恶劣行为也有主观过错。就是说，如果一个人思想上没有可指责的地方，我们不能将他视为罪犯从而加以惩罚。这是基于这样一个想法：人有自由意志可以控制自己的行为，当他可以控制约束自己而不控制约束，那么人们在道德上和法律上便有理由谴责他。

但是，在一些英语国家，有时即使被告人没有主观上的过错，法律照样给他定罪量刑。

1846 年，英国有个叫乌德洛的烟草批发商，因为出售掺假的烟草而被法院判罚了一大笔罚金。其实，乌德洛为人老实忠厚，从未有恶贩奸商之类的劣迹。多年来，他一直小心翼翼地操持生意，对顾客总是笑脸相迎笑脸相送。可是，有那么一天，烟草专管局的人还是找上门来，问乌德洛有没有出售过掺假的烟草。专管局的人说，许多消费者反映吸过的烟草假得不能再假了，而这些假烟草查来查去就是从乌德洛那里出来的。乌德洛说，自己从不干这类事情。至于从他那里出来的烟草为何有假的，他也实在不知情。

专管局不管那么多，把乌德洛拉到了法院。法院一看案情，二话没说就判乌德洛犯有出售掺假烟草罪，罚金一笔。

乌德洛大喊冤枉。他说，他仅仅是一个烟草批发商，从人家那里进货然后再批发给小贩，一来根本没有出售假烟草的用意和过失，二来不可能对烟草进行化学检验。而且，法律根本没有规定烟草批发商必须对出售的烟草进行化验。所以，在这起假烟草案中，他毫无过错。

无论乌德洛怎样申诉，法院就这么判了。

在刑法上，这叫作“严格责任”，其意思是讲无论你有没有过错都要负刑事责任。

我们会觉得，这似乎有点不公平。这个商人没有过错为什么还要这样对待他？然而有的西方人肯定地回答：当然有这个必要！

他们认为，如果这般惩罚了乌德洛，以后他人就会特别小心地做正正经经的生意。如果你想把生意做成，又不受到损失，你就会想许多方法来避免进假货，或用罚款极重的契约条款来约束对方，或干脆找人检验一番货物。而假如大家都这么小心，都这么做了，还会有假货吗？更为重要的是，这种罚钱不是一般的罚款，是刑事罚金，是有了犯罪的名声之后的判刑。这般刑事处罚是人们最为害怕的。一般罚款等于赔了钱，赔了钱可以再挣。可是刑事处罚是不折不扣的黑锅，要背一辈子。所以，没有过错也要惩罚，就是让人们再提高一下自己的责任意识。

辛普森的命运

1996年，辛普森不仅是美国的“大众人物”，而且对中国人来说也是家喻户晓。一场刑事官司使辛普森名声大噪。

此前不久，人们在一个寓所里发现辛普森的妻子喉咙被人割断，而且其男友也惨遭毒手。种种迹象表明，辛普森是重要的嫌疑犯。在一场类似好莱坞拍摄的汽车追逐战后，警察给他戴上了手铐。

辛普森是黑人，在美国，黑人支持他，说他不是杀人犯。但被害人是白人，白人反对他，骂他是不折不扣的杀人犯。白人警察逮捕他后，毫不客气地把他推上了审判台，意思是让这黑人以命还命，至少让他尝尝终身铁窗的滋味。辛普森真是命不该死。尽管许多证据说明他极为可能就是杀人犯，但是，不仅12人组成的陪审团里有10个是黑人，而且那白人警察也让辩护律师抓住了把柄：以前有种族歧视的劣迹。更为奇妙的是，用来证明是杀人用的手套，怎么也不能让辛普森重新戴上，以至于人们再也无法直观地想象辛普森是如何戴上手套杀人的。

判决那天，亿万美国人在直播电视中看到了辛普森是如何大松一口气的，而被害者亲人是如何悲痛欲绝的。

尽管判决留下了对社会文化的深远影响，但案子毕竟是了结了。

然而，就在人们想彻底忘掉这个案件的时候，被害者亲人却挑起了另一场民事赔偿的官司，被告又是辛普森，理由很简单：他杀人了！原告想让辛普森倾家荡产，赔上几百万美元！

现在的问题是：在刑事官司中判他不是杀人犯，在民事官司中怎能判他是杀人犯从而赔偿？但是，不仅被害者亲人认为可以这样，就是美国法律专业人士和一般公众也认为可以这样。

这就是美国法律的一个有趣之处。

美国法律认为，刑事官司的证据和民事官司的证据不同，对前者的要求高于后者。刑事证据一定要确凿无疑。所以，虽然可以说，“白人警察的劣迹并不一定意味着警方提供的证据不可靠”，“那手套沾上了被害者的鲜血之后会缩小，因而辛普森当然无法再戴上”，但是，这些推论总不能消除一些疑问。而民事证据并不那么严格。在民事官司中只要大体上可以证明辛普森杀人了，就可以说他是杀人犯，判他赔偿。

西方人的一个法律文化观念是：刑事官司是国家运用权力对付个人，如果这种权力滥用的话就会侵犯个人的权利。所以必须对它苛刻要求。而民事官司是个人运用权利对付另一个人，他们之间是平等的相互义务的关系，所以大可不必那么苛刻。

该案所涉民事官司已于1997年2月判决，辛普森败诉。我们可以认为，法院是为了补偿一些人尤其是白人的心理不平衡，才判原告胜诉。但是，上述的法律文化观念是真真切切的。辛普森的命运最终是法律文化的结果。

泾渭分明

西方人平时有个习惯：事无巨细，都要清清楚楚。如果朋友聚一聚，撮一顿儿，便要讲明谁“埋单”；如果父母给成年孩子钱，便要说好是“借”还是“白送”……绝对不能模棱两可。这一习惯，在西方人的法律中也时常可见。

1805年冬的一个日子，在美国纽约州的森林中，一个叫皮尔森的小伙子和一个叫普斯特的老猎人，因为一只狐狸的归属打了起来。那天，皮尔森一大早儿便起身，整好行装后直奔森林。说来也巧，没走两步，便见一只金黄色的狐狸在远处摇头摆尾。皮尔森精神抖擞，兴奋异常，拿着猎枪猛扑过去……几声枪响之后，那狐狸已是伤痕累累，但是，仍能一瘸一拐地逃窜。就在皮尔森大功即将告成之际，另外一阵清脆的枪声将狐狸彻底撩翻在地。老猎人普斯特将其变为囊中之物。皮尔森气得两眼直冒火。他觉得普斯特太缺德了，二话不说，冲上去便抢狐狸。普斯特也要保卫“胜利果实”。于是，两人扭打成一团。

到了法官那里，法官说，虽然普斯特的“德性”差点儿，然而在法律上狐狸只能属于他。理由是：狐狸虽说已是一瘸一拐，但仍有可能逃脱；皮尔森尚未牢牢抓住这只狐狸。这意思是说，不能因为狐狸一直被皮尔森追逐并被他击伤，就模糊地认为狐狸已经属他所有。

另有一小案与此案十分相像。1844 年的一天，英国的一个叫亨利·杨的渔民在海上捕鲭鱼。那天的渔情十分喜人。杨的大网尽情地张开并将大批鲭鱼搜罗其中。就在杨慢慢收网之时，另一叫海金的家伙突然驾船闯入大网之中，并同样用网将许多鲭鱼“掠走”。当杨将网拉上船时，鲭鱼已是所剩无几，不仅如此，而且被“掠走”的大多是体型肉质适中的标准鲭鱼，网中剩下的要么是嫩小鱼仔，要么是肉老枯鱼。

杨只好和海金到法院比个高低。杨说，当鱼进入他的大网时，鱼已归他所有，海金半路杀出，显然是侵犯了他的所有权。可海金说，当时杨的网并未完全收紧，就在杨不断收网时，仍有鱼不断跑出，这时怎能讲鱼已归杨所有？

就像前一案中的美国法官一样，英国法官先数落了一顿海金，然后又郑重宣布被“掠走”的鱼归海金所有。法官认为，野生动物的所有权，以“牢牢抓住”为标志。

有人会感到，皮尔森和杨在捕获捕捞的过程中，已是差不多得到狐狸和鱼了。这时可以大致认为，狐狸和鱼已归他们所有。如果认为后来都可以“居上”，太不合理了。但是，西方人有时就是坚信，在法律上一定要“非此即彼”，不能模糊判断是非曲直。他们的深层观念是：法律不能要求应做道德赞许的事情，而只能要求如何符合法律的条件；道德是“高”要求，法律是“低”要求，高要求的事情可以朦胧“审美”，而低要求的事情必须泾渭分明。

“公平的”责任分担

大凡学过法律的人，都知道“民事侵权赔偿责任”这个词。此词是说，他人有许多权利，万不可肆意侵犯，否则造成损失就要悉数赔偿。这责任有几个颇为紧要的条件，其中一个是：受害人的损失与侵权人行为有“直接关系”。这意思是说，的的确确是侵权人的行为造成了损失，如果查来查去，不能发现损失与侵权行为有直接因果关系，那侵权人的头脑意识就是再恶劣，损失的赔偿也与之没有瓜葛。

但是，有时照此办理，受害人可就太冤枉了。

试举一小例。1948 年，有三个美国人一起去打猎，一个叫萨莫斯，一个叫泰斯，另一个叫西蒙森。萨莫斯非常老实，而泰斯和西蒙森则是油滑过人。那天，三人约好打鹧鸪。因为打这种鸟一定要有个分工，有人负责把鸟轰起飞，有人负责射击，所以泰斯和西蒙森对萨莫斯说，他俩打猎时从来都是弹无虚发，哄鸟的“重担”只能由萨莫斯挑起。萨莫斯毫不犹豫地接受了这个任务。鹧鸪有个习性，非得特别靠近轰打才会飞起来，如果在草丛中，人们就很难辨认它。如此这般，萨莫斯可真是危险有加，不过他仍是“任劳任怨”。

事故终于发生了。当萨莫斯轰起一只鹧鸪时，泰斯和西蒙森双双举枪便射，这次是彻底的“弹无虚发”，一颗子弹打中萨莫斯的上嘴唇，一颗正着萨莫斯的眼睛。嘴唇问题不大，几天后，便长好了，虽然有点“豁子相”。但眼睛可是毁了，萨莫斯成了“独眼龙”。在美国，这眼睛可是值七位数的美元。

怎么办？打官司要求赔偿！

可是，有个很重要的问题不能解决。这个问题不仅萨莫斯不知道，而且两个射手也不知道——究竟是谁枪里的子弹打中了眼睛？按照一般的法律推理，原告必须要确切地证明是谁干的“好事”，才能要求赔偿。萨莫斯不能要求两个人一起赔偿，因为毕竟是一颗子弹打中的，两人一起赔偿显然不当。依此推理，一审法院判萨莫斯败诉。法院说，萨莫斯必须要举证表明究竟是谁的子弹如此“弹无虚发”。

明眼人可看出，这种推理虽可成立，但对萨莫斯可太不公平了。萨莫斯当时受伤时，根本不能立即反应判断是谁的子弹。这样判决，萨莫斯岂不只能吃一只“大死猫”？！

面对萨莫斯的惨状，二审法院在琢磨一个问题：为什么号称“公平”的法律不能解决这么一个不公平的案子？萨莫斯明明被伤害了，可却不能得到赔偿，岂有此理！经过一番思考，二审法院给出了这么一个说法：因为两被告是共同有过错地向原告方向开枪的，所以，两人必须证明不是自己干的“好事”，否则只能共同赔偿。由于两被告不能自证，终于被判共担责任。

此案是美国民事侵权赔偿责任法的一个新起点。从此人们认为：赔偿责任不一定要以侵权行为和损失之间存在直接因果关系为条件，因为，法律骨子里只能是“公平”。

合同中的“暗含条款”

1603年，英国法院审理了一起合同纠纷。原告叫罗帕斯，被告叫钱戴勒。钱戴勒是一个珠宝商，天天倒腾珍珠宝石之类的东西，经人介绍认识了罗帕斯，就将一块宝石卖给了他，价钱是100英镑。罗帕斯已有许多种类的宝石，唯独缺一种只能在动物的胃里才能发现的宝石——牛黄石，而钱戴勒卖给他的正是这玩意儿。那牛黄石看上去奇光异彩，罗帕斯爱不释手，逢人便捧出夸耀一番。但是，有一位动物标本专家告诉他，那牛黄石是个赝品。后经鉴定，果真是一个不折不扣的赝品。罗帕斯大受刺激，便将钱戴勒告到了法院。

但是，法院在审理的过程中发现，第一，钱戴勒的确不知那玩意儿是个赝品；第二，在双方的“口头合同”中，并无约定物品的品质。这样，法院说了声“货物出手，概不退换”，判罗帕斯自食其果。

这是几百年前的事儿了。那时人们特别信奉“合同的严格约定”这一观念，这观念的意思是：合同怎么说的就怎么办。

然而，现在不同了，现在的英国法院时常说：我们必须注意合同的“暗含条款”。什么是暗含条款？再看一个小例子。

大约是18世纪，一个叫格莱的五金商贩和一个叫加德纳的做了一笔废铁丝生意。当时，格莱拿样货给加德纳看，说就是这样一类废铁丝卖给他。加德纳拉走了12包废铁丝，货票上写明“12包废铁丝，每磅10先令6便士”。可是，加德纳打开包裹时发现货物质量极差，比样货差远了。没辙，加德纳只得告到了法院。

法院非常令人振奋，说因为格莱出示过样货，所以货票（合同）中包含了一个“暗含条款”，这一条款规定，铁丝应该具有可卖出的质量。法院还在判决书中注明：“保证应有的质量是每一份这类合同的暗含条款，不能设想买主要买自己根本不想要的东西。”

英国人认为，“暗含条款”是法律上的合理推断，其目的就是要在合同交易中保持基本的公平合理。合同的解释不能完全拘泥于白纸黑字，否则便会有悖于这个出发点。社会的经济运转在深层里更为依赖的是公平合理的理念，而不是表面上的“说什么”或“写什么”。

壁画：正义女神。作品绘于美国西弗吉尼亚州联邦法院大楼的墙壁上，
联邦法院大楼位于西弗吉尼亚州老首府惠灵市（Wheeling West Virginia）。

痛苦与赔偿

民事赔偿官司最敏感的问题，莫过于“赔多少钱”。有时，这问题好解决，只要拿出确凿的证据表明损失，如被损物品现价、被伤害人的医疗费用清单……然后拿计算器敲两下，得出个数字让被告结账即可。但有时，问题特难解决。如果损失者说一辈子都会痛苦难捱，这“损失”可就难计了。

在咱们这里，一般来说，与精神有点关联的“损失”，像“痛苦”，一般不会拿钱来计算赔偿的，即使有也是极少的或象征性的。我们总会发现，那实在难以算清，而且，有没有必要算本身也是一个问题。

西方人却另有看法。

1980 年，一个叫沃特斯的美国妇女脖子上出现了一个不大不小的肿块。这肿块连青带紫，结实硬朗，虽说不疼痛，但也着实令人担惊受怕（“瘤”？）。在一家十分有名的大医院，一个叫海什考克的医生接待了沃太。海什考克左掐右捏了几下，便拉着沃太进入手术室。医师真是麻利，噌噌两下就把肿块割了下来，然后叫人送入化验室切片。切片检验结果正常。那肿块不过是一个良性瘤，小意思。

但是，化验人员总觉得切下来的东西有些不对，好像里面有一些脖子部位的器官肌肉组织。第二天，沃太觉得整个脖子痛不可当，而且，头部左侧肿胀隆起。而化验者听说后两脚发软。他又赶快再看了一下切片标本。他确信，海什考克闯了大祸，标本中裹着一块一英寸半长一英寸宽的食管组织！这意味着，沃太永远不能像正常人那样进食了。海什考克知道后，迅速将沃太再次抬上手术台。当切开沃太脖子清晰看到食管上果然出现了一个大洞时，他心里不住地颤抖……最后，海什考克不得不将沃太的食管全部结扎，彻底封闭。

这是一起医疗事故。海什考克无话可说，愿承担一切医疗费用和实际损失。沃太本身没有任何职业，不会因为终身残疾而影响收入。但是，沃太每次进食时，只能靠叉在嘴里的人工管道将食品送进胃里，而且，必须要自己用手从嘴到胸部将食品难受地慢慢挤压到胃，其状惨不忍睹。

医疗费和其他实际损失是 59,000 美元。海什考克立即签了张支票。然而，沃太声泪俱下地说，为了减少这份痛苦，她将一辈子不知花多少钱来想办法。她列了一份清单，详细说明自己将会有什么样的痛苦，为减少痛苦将采取哪些措施，要花多少钱……她要求海什考克赔偿 400 万美元。

法院最后判海什考克赔偿沃太 200 万美元。算起来，起码有 194 万美元是赔偿“痛苦”的。法院认为，只要沃太讲得合理，“痛苦”的价码可以是惊人的。

西方人相信，人的精神痛苦有时是物质损失无法相比的，心灵的创伤有时使人一生难以生存。因此，“痛苦”的计算再难，也要把它计算出来。为了减少痛苦，避免痛苦，就必须让被告和其他不负责任的人知道在法律上“痛苦”的“真正价格”。

自扫门前雪

大概人人都知道这样一句打油诗：各人自扫门前雪，莫管他人瓦上霜。很长一段时期里，我们常常会用它来对社会道德行为进行某种判断或比喻。假如一个社会里，许多人都自私自利、人情冷漠，我们便会贬义地用它来数落这社会一番。其实，我们总是希望借此拔高人们的伦理境界。

在美国，人们不知道这句打油诗。不仅如此，个个还真是只顾自扫门前雪，不管他人瓦上霜；个个并不觉得这在道德上有何不妥。

每次大雪过后，你会发现美国家家户户的门口一片繁忙景象，人们舞锹抡铲，冒着严寒把自家门口的积雪清扫得干干净净。美国人的家居是私有的，土地也是私有的。

如果买了一套房子，那么与房子连着的那块地就算买主所有了。值得注意的是，几乎每个家居的前面或四周都会有些公共人行道，这些人行道也在私有之列。美国人正是扫自家门前或四周这些人行道上的雪。

有人会以为，扫这些雪完全是为了自己出入方便。可真问问美国人，他会告诉你，那不仅是为了自己出入方便，而更重要的是为了他人在自家门口千万别摔着。

其中有何奥妙？

相传很多年以前，在一个大雪纷飞的日子，一小伙子在他人家门口不慎摔倒。这一摔可是摔出了一张万元美金的医疗账单，那小伙子坐骨粉碎性骨折！没几日，小伙子坐在轮椅上向法院递了状子，告房主没有扫雪致使公共人行道暗藏“机关”。

这案子引起了很大争议。有人说这是意外事件，与房主没有关系；有人说是小伙子自己疏忽，走路不长眼，摔着还能怪别人？还有人说房主太冷漠太懒惰了，扫雪还怕累着，就冲这点也得判他赔偿一切损失……法院最后还是判决房主赔偿一切损失。法院说，小伙子再怎么不小心，也不会有意想把自己的坐骨摔个粉碎，而房主没扫雪，地上当然是滑的，滑地是潜在危险，作为地主的房主自然有义务消除地上的潜在危险。

不论怎样争议，此案到底成了百年的警钟，每当雪花飘飘之时，美国人首先想到的是如何将公共人行道扫得干干净净。我们可以认为，美国人再怎么将门前雪扫得干干净净，也是出于为自己的钱包着想，而不会出于热心“管管”他人瓦上霜，故其道德水准实在不可过高赞誉。但是，美国人自己却相信，如果运用道德手段呼吁奉献精神，则不仅管管他人瓦上霜的人会越来越少，而且自扫门前雪的人也会越来越少；反之，运用法律手段，不仅后者会俯拾皆是，而且前者也会渐出萌芽。

牛和熊

在近十年的光景中，最能挑动中国一般老百姓生意神经的兴许莫过于股票了。它能使你赚钱又赔钱，使你兴奋又痛苦，无论赢家输家都承认一点：够刺激！而更为值得一提的是，谁都知道股票交易之中还有“牛”和“熊”，人们摆弄着“牛市”“熊市”“牛气冲天”“熊劲当道”等词汇，用它们来描绘股票市场的兴衰甚至经济的成败。人们相信，“牛”是兴旺的标志，“熊”是衰落的表现。

洋人也说“牛”和“熊”。早在两百多年前的欧洲股票市场上，“牛市”“熊市”之类的词儿已是行话了。可“牛”和“熊”在洋人的眼里，并不意味着兴旺或衰落；相反，它们意味着“狼狈为奸”。

牛，韧劲儿有余，这本是力量的象征。但洋人发现，股票市场中投机分子的忘我热情，尤其是在行情看涨时的贪婪追求，实在有如骑在牛背上撒野癫狂。不知在哪个年月，有人模糊地将牛的韧劲儿形象和投机分子的贪婪欲望捏在一起，将在股市飙升之时大笔买进然后再大笔抛出的人干脆叫作“牛”。从此，“牛”便成为股票升势中投机分子的诨名儿，而牛本身也日渐被人看贬。

与牛不同，熊的比喻打古代那阵子就进入了生意圈。凡做生意的人都知道“熊式生意经”。它是说，市价越是下跌，越要把货抛出去，待价更低时再买进，这其中也有差价可赚。人们虽是谈“熊”论经，但并未将熊的直观形象和生意人贴在一起，因为，熊式生意经的典故出自“熊皮的买卖”。相传，有一个人特会做熊皮的生意，总是在捕熊之前就将手中的熊皮抛出，而其他人却在捕熊之后才抛出。显然，股票市场中也有这般“攒活儿”的投机分子，于是，人们便将股票跌势中的弄潮儿叫作“熊”。

洋人认为，不论“牛”还是“熊”，都不是股市的真正投资者，而是居心叵测的投机分子。他们搅得股市狼烟四起，人心躁动，股市升时“牛”猖獗，股市跌时“熊”霸道，这简直就是牛熊的一唱一和。所以，牛市和熊市都不是好事儿。

基于这种观念，每当一个股市建立时，洋人首先会想到如何用法律抑制牛熊的骚扰捣乱。牛熊想“乱中取胜”，便会制造牛市熊市，而法律的任务就在于控制股市的狂涨滥跌。因此，涨跌停板制度应运而生。

国人现在也开始了涨跌停板制度，然而对牛熊的认识似乎依然如故。笔者危言耸听：倘若观念不变，仍以为“牛市”乃兴旺、“熊市”乃衰落，那牛熊便可能再出笼肆虐，使小户平民血本无归。

结婚前的“考验期”

据说，姑娘在结婚前擅长的招数，就是利用“时间”考验考验小伙子是否真心爱她，这时间少则数月，多则数年。另有人讲，这是吊吊小伙子的胃口，让他知道凡“爱”到手不易，免得日后朝三暮四，拈花惹草。不论怎么看，反正人们以为姑娘们似乎都认准了一个感情经济学的原理：考验时间越长，“爱”的价格越高。在讲究“爱情与天同在、与日同辉”的文化传统中，人们喜欢议论这些故事。

美国人直率，无论是谈情说爱还是同居厮混，一切都简单明了，不费周折，也不担心“爱”的价格升跌。姑娘们说：“只要你爱我我爱你这便足够了。”以致险些让男人们反过来要考验考验她们。美国男女之间似乎少些“感情的精明算计”。在他们的文化中，爱情没有“长短”之说，只有“有无”之论。

有意思的是，本应在前一种文化中出现的法律，却在后一种文化中“安家落户”了。

在美国结婚要耐着点儿性子。从打申请结婚到拿到那张结婚证，可要折腾几日，因为法律一般规定必须要等3天以上才能颁发结婚证书。这似乎是说，虽然男女之间免了“考验”，可国家则不能免了对双方的“考验”。登记官不仅会问你是不是真的要和“这个人”结婚，而且会跟你说：“现在不能给你们结婚证，要等几天后才能领证，这些日子，你们要慎重考虑是否真的要结婚。”一句话让你清醒地“熬”几天。

美国人把法律之外的事和法律之内的事分得清清楚楚。在法律之外，男女关系随你闹得天昏地暗天翻地覆。“素”的“荤”的都成，只要悠着点儿不出人命，没人会过问；但在法律之内，男婚女嫁则要稳稳当当，两人越是爱得如胶似漆，爱到忘我境地，国家越要在结婚时强输“镇静剂”。美国人断定，结婚的结果是新的法律关系的滋长，有孩子会出现，有共有财产会出现，有继承会出现，如果是跨国婚姻还会有两国关系的出现，而新人在结婚那一刻由于爱得缺乏理智，对这些总会缺乏清醒的认识。如此，便有必要在婚前安排一个“考验期”，吊吊小两口的胃口，让他们明白结婚不纯是两个人的事情。

在下妄言，这婚前“考验期”对美国男男女女可能不合适，因为，他们没有咱们那类“爱情考验”的基础，即便婚前考验了一下，他们仍会“结离”草率，我行我素；反之，在我重情重义之邦，于恋爱女子单方考验之外加上国家“男女平等”的法律考验，实在有利于日后婚姻的坚不可摧。

再婚的“等待期”

离婚后再婚，再婚后离婚，在美国已是家常便饭。最新资料显示，在两个适婚年龄的美国人中，至少一人有过离婚史。好在美国人对感情总是“面向未来”，而不是“缅怀历史”，所以，婚史历来都是再婚两口子茶余饭后的调情佐料。

可有人进而说，后脚还在法院离婚庭，前脚已迈进结婚登记处，这才是美国人对婚姻最为潇洒的表现。如果你以为“爱情岂能如儿戏”，你这是完全不理解美国人“爱情的常青在于‘常新’”的真谛。有人甚至说，中国人 40 岁就像 60 岁，美国人 60 岁才像 40 岁，就是因为前者总想一个在坟头哭死，而后者从来都是闪电式地“拔锚起航开辟新航线”。

这就不一定对了。

正如在上一篇小文中所说的婚前要有“考验期”一样，美国法律规定：离婚后再婚要有“等待期”，这期限短到两三个月，长到半年多。这法律讲，即使双脚都离开了法院离婚庭，也要等上数月半载才能另寻新婚，不能朝离夕娶（或嫁）。如此而言，“前脚离婚后脚结婚”之说不过是对美国人的婚情法律文化的一种臆想。

美国婚姻法特怪，与其他法律不同，这法总要和美国人的实际习俗拧着干。你越想今天爱一个，明天换一个，那法律越要让你“步履艰难”。它好像是说：第一次结婚前，就让你等上几日冷静思考（见上篇小文提及的 3 日考验期），可你到底是离婚了事，而且还要重新“开张”，这次当然要让你熬到发慌，量你日后不敢这般儿戏……美国立法者从来都认为，婚姻法尤其要讲究理性的调节，美国人已经是人欲横流、开闸洪水，如果任其豪放，终将殃及“家庭”这一立国之本。婚姻不仅是两人的事儿，而且是家事国事，这自然要求法律的理性抑制习俗的欲望。

可惜的是，此一立法志向并未改变美国人婚情的恣肆妄为。不过，不论怎样，美国人始终将“情”与“家”分个小葱拌豆腐，以至于在感情上再没有义务感、责任感，在家庭上也是“举家”兴亡，匹夫有责。这恐怕与再婚的等待期不无关系。

这尊正义女神雕塑位于英国伦敦财税署巷内殿会馆和中殿会馆的入口处。
苏格兰雕塑师 William Calder Marshall（1813–1894）作品。

反省的能力（结束篇）

本书头一篇小文叫《苏格拉底的慎重》，其中说到苏格拉底如何“冥顽不化”，面对古雅典不公平的法律审判，在可以越狱而逃的情况下依然选择死亡的行刑结果。他的学生克力同大声疾呼：对抗不公平的审判是你一生追求的正义，你为何不选择越狱实现正义？！苏格拉底坦然确信，此时越狱的确是一种正义，但遵守即使是不公正的法律，同样是一种正义的要求，否则人人都会以自己认为的“正义”为借口破坏社会秩序这样一个价值，此时后一个价值也许要比前一个更为重要。

苏格拉底的故事是西方文化的一个隐喻，一个反省能力的历史隐喻。

从那时起，西方人对被赞同的事物总是保持了清醒的批判意识。当为一种“公平”的出现雀跃欢呼时，人们会想到它是否会导致另一种不公平；当对一种“正义”出现众人拥戴时，有人会想到它是否导致另一种非正义。对法律，他们延续了同样的姿态。

1066年，诺曼底人征服了英伦岛，建立了不列颠帝国，并由皇家派出巡回法院作出各类判决。这些判决成为了举世闻名的普通法（一种判例法）。时隔多年，当许多人赞许普通法真是天衣无缝、法度鲜明的时候，有人却说它僵化迟钝，因为社会日新月异，而它仍是因循守旧。这终于引发了另一套判例法即衡平法的出现。衡平法与普通法内容迥异，但相映成辉。

19世纪，当人们对市场文明尤其是对其背后的法律支撑赞叹不已之时，有人却说，那法律并未带来实质性的普遍公正，因为它将劳动者手中的剩余价值偷偷送给了剥削者，使失宠的性别、肤色、种族总是遇到雇主的白眼和漠视。这导致了发达工业国家暗自思量如何均摊社会的福利和义务，如何反歧视以实现社会的新公平。

即使到了20世纪，当众人一口咬定法治便是所有世事不分巨细都由法律一统而定、此法治乃人之终极理想的时候，有人却为西方社会讼满为患、法到情无的境地而忧心忡忡，并发誓要在东方社会尤其古代东方文化中寻觅“和为贵”、重调解的管理精义。这同样提醒了立法者要注意法律的柔性机制。

就是针对苏格拉底选择法律以定宗旨这一本身来说，当人们相信法律是客观的、中立的，只有依此断案才能不偏不倚之时，有人则断言，法律有时蕴藏了专制的杀机，它与民主并不存在必然的联系，依此判决只能换来另一种专制。这终究促使西方人彻底否定了纳粹德国法律的法律资格，从而选择了法律之上的公平正义。

苏格拉底选择什么并不重要，重要的是他的反省：在知道一种正义之时反思与之相对的正义。依笔者之见，由此而来的西方法律文化的生机勃勃，不在于它是否为至善至美的法治，而在于它平衡性的自我反省。其实，法律文化的健康发展，正需要人们的不断反省。

附　录

涉及法律的经典文学对法律人的意义

一

我时常有一个困惑。

我所遇到的法学家、法律家或多或少总会具有出色的“文学”才华，比如，会讲有趣的段子，会讲幽默的笑话，会写动人的诗词歌赋，讲起经典文学时会如数家珍，而且会拍出很美的图片，甚至可以针对图片写出“你看我说”的精彩文字。他们或者会展现令人羡慕的书法，使我每当看到别人的赠书签名时就会觉得只有我的签名是非常糟糕的，惊恐不安……我相信，具有出色“文学”才华的法学家、法律家一定不在少数，但是，为什么法学家、法律家作为一个群体，常常会反对法律与文学？

一个答案可能是：法学家、法律家的角色是“公共的”，文学的才华是“私人的”。我想，这个答案很不错。但是，“私人化的才华”意味着喜好、喜欢，而且喜好、喜欢文学是普遍的，我们每个人作为“私人”时，最容易走近文学，好像很难走近法学。既然如此为什么法学家、法律家不能多考虑考虑别人包括自己的天生喜好倾向？抓住了别人容易具有的天生喜好倾向，岂不是等于抓住了别人的一个软肋，在一个专业如法学、法律上打开一个突破缺口，使别人更易臣服？

因此，法学家、法律家的角色是“公共的”，文学的才华是“私人的”，这样一个答案有些闪烁其词。

另一个答案可能是：法律是一回事，文学是另一回事。法律是有一说一、直来直去的专业，需要冷静、理性。文学则可以婉转动听、热情、感性。没办法，法学家、法律家要遵守行规，否则实在是对公共社会不负责任。

这个答案同样不错，而且很有力量。但是，有一说一、直来直去，是不是也是一种表达策略？法律行话是不是也有吸引人的目的？文学表达毫无疑问首先讲究的表达策略，就是要吸引人。还有，有一说一、直来直去、冷静、理性，是谁认定的？某个人“有一说一、直来直去、冷静、理性”，就一定可以被说成是客观中立的？如果不能说清谁认定的，不能说清一定是客观中立的，那么怎么可以说这是对公共社会负责任？

所以，这个答案，有些含糊其词。

当然会有其他答案，但很可能不重要了。

二

就此而言，的确可以讨论一下“涉及法律的经典文学对法律人的意义”。对法律与文学情有独钟的一些人已经讲过，文学可以在修辞叙事方面给予法律人启发，这就是语言策略；文学也可以培养法律人对社会的敏感和同情，这就是看到被压抑的他者。如果在讨论法律与文学时这样定义“文学”，我没有任何新的见解，也没有理由再去重复。但如果将“文学”限缩至“与法有关的经典文学”，我想，我应该尝试说出一点不同的内容。

第一，关于经典。

一般来说，经典就是人们较为普遍喜欢、赞誉的文本，其享有阅读吸引的某些权威。经典当然存在社会建构的问题，涉及权力关系的博弈和历史机遇，还有主观喜欢判断的问题。但经验告诉我们，针对社会较广泛的群体，一些文本终究要比另一些文本更值得持久的阅读。例如，关汉卿的《感天动地窦娥冤》、莎士比亚的《威尼斯商人》就是经典，可以不断阅读讨论，也会被人们不断回忆、想起。所谓经典，因为它们具有的可被替代的元素并不很多。另有一些与法有关的文学可能会一时令我们有兴趣看看，但过后兴趣就会持续减退，如电视剧《精英律师》。这部电视剧具有的可被替代的元素太多，例如，职场竞争、“6000~10 万元”咨询费的财务诱惑、“小时代”的情调向往，再有就是影视工业量贩的模式。我们很难预料它会成为经典。

第二，关于经典文学吸引我们的条件。

毫无疑问，在与法有关的经典文学中，作家可以讲好故事吸引人，当然可以说他欺骗了我们的感情，让我们交了智商税，但我们终究被欺骗了而且付费了，这就是能耐。那么因为什么我们被吸引或说我们被欺骗了？

经典作家讲的法律故事，都由微观细节完成，有些甚至像卡夫卡的法律过程描述那样烦琐得令人疑惑，但正因为微观细节，细节得令人不断去追究。更重要的是细节叙述的目标似乎总是指向或意寓我们可能感兴趣的方向，似乎与我们的存在、欢喜或痛苦、追求与拒绝有着关联。所以，我们天然地就被俘获了。被俘获的原因在于读者从来就是各行各业的，为读经典文学作品，读者从来就是要打破、忘记自己的社会分工和专业身份。完全可以设想，会计师、医生、程序设计员、数学家、股票操盘手，没有谁会在读经典文学作品时牢记自己的职业分工和专业身份。因此，与法有关的经典文学中一定有些最普遍的社会行为事件的材料和思考可以被众人分享。同时，我们每个人都会有职业和专业，但都可以具有不同的社会角色扮演。例如，工程师，同时可以是父亲、母亲、儿子，女儿、丈夫、妻子，或地铁乘客、菜市场买菜者、医院里的病人，这就表明我们都可以潜在地成为社会一般问题的兴趣者、分析者。因此与法有关的经典文学的叙事意境，就会通过我们自然而然的角色转换机制深入我们的内心。

法律人是职业专业人士，但一样也有其他社会角色身份，也有由这些身份带来的一般社会经验，因此法律人被涉及法律的经典文学打动一点也不意外，由此具有某些出色的“文学”才华更不意外。在这个意义上，经典文学的

“欺骗”实在是善意的馈赠。

第三,关于经典与天赋、技艺。

涉及法律的经典文学一定是更擅长故事叙事,当然还有修辞,因为天赋和技艺,经典文学要比一般文学作品讲得更有意思。就像各行各业里都有天才,2019 年电商主播崛起,但是翘楚也就是“OMG,买它”,这样的李佳琦,还有声音略显暗沉、男性化的薇娅。此外,涉及法律,意味着故事叙事要穿凿法律内容,而法律就是要追问,获得答案后还要深究,它要控诉或守护,因此经典文学在这方面的循循善诱、柳暗花明要比一般的文学变得更具优势和能力。

第四,涉及法律的经典文学对法律人的意义。

立法、司法和执法,都不能离开具体细节行为事件来理解,苏力教授在新作《是非与曲直——个案中的法理》中,开篇就提道:“至少就法学而言,所有的新知和发现都只能来自经验,不可能来自概念、命题或理论自身。因此,法律人必须‘小大由之’……”我十分赞同苏力“见微知著”的观点。因此,理解具体微观细节的能力,决定了我们理解法律的深度和广度。

具体来说，经典文学对法律人的意义是，首先，欣赏学习涉法文学经典，我们法律人可以品味怎样讲故事，品味谋篇布局，学习叙事策略，学习讲好故事，让别人喜欢听、愿意听。实际上，所谓让人在法律上心服口服、论证有力，首先，特别重要的是让人愿意听、喜欢听，尽管做到让人愿意听、喜欢听可能比较困难，但总是值得追求的。因此，要虚心求教经典文学。

其次，法律人的专业就是要件化、要素化，但也因此容易陷入要件要素理论的陷阱，无法讲清楚为什么都在运用正当防卫的法律规定，一个案件先后却有不同的定性，或谁也不会轻易服谁，甚或有时就是不了了之地过去了。比如，2019 年丽水退伍女兵反杀案。因此，要向经典文学致敬。经典文学常常有手段、有办法将抽象的意思讲得十分清楚。所谓经典，在一定意义上就是被它的细节清澈所吸引，被细节清澈所吸引就是被它说服了，被说服既可以是傻傻的，也可以是聪明的。

最后，所谓经典文学的法律意义，不仅仅在指其中涉及了好的法律故事、叙事、修辞，更在于指，它把社会微观细节的可能理解地图铺开在了我们的眼前，告诉我们未必是只能这样讲而不能那样讲，告诉我们，只要深入社会微观细节，我们完全可能发现新的法律图景，在新的法律图景中，只要讲好故事，我们就有可能实现谅解、宽容、团结，当然还有一致的对邪恶惩罚的意志。

三

余话。上面四点也许别人说过了，那不要紧。就算是我重复了，拾人牙慧，但重复依然有意义。因为，法律人在职业中一直存在强烈的对文学包括经典文学的抗拒，甚至文学内部也存在反对文学对法律施加影响的心态。这一切源于一个顽固的教条：法律与文学之间不可能存在一座桥梁。站在法律与文学的立场，我认为，这个教条是一定要与之斗争的，而且要持续不断。

（原载《检察日报》2020 年 2 月 19 日）

民众之中的法

中央电视台的《今日说法》节目开办有些日子了。风风火火，自是不在话下。时间掐在午饭之际，内容说在情急之中，的确有如雪中送炭。大媒体的优势，加上适时适世，自然是令我等之辈流连忘返、不亦乐乎。

但是，电视媒体方式的节目呈现过于及时。虽然，我们可以先睹为快，以解“饥渴”，然而，我们终究不能将其牢牢拿捏于股掌之间，仔细玩味，慢慢品尝，直至嵌入我们自己的记忆之中。对于民众急切盼望知晓同时希冀纳入记忆的法律知识来说，这更是有些不可避免的遗憾。于是，我们看到了书籍式的《今日说法》。

四本系列的《今日说法》丛书夺人眼目。未有几日，这书已是不客气地跃上畅销书的排行榜，大媒体的“话语权力”优势,果然伴随左右。

当然,我们在这里关心的是作为书籍本身的《今日说法》。

“法”一字,在当下,已是我们日常生活用语的关键词。讲法治,或者讲立法、执法、司法、守法,乃至于讲用法(比如,像经济学中所讲的理性人那样“私心地”利用法),都有赖于我们对“法”的理解,和对“法”的渐次以及深入把握。一般民众已经意识到,如果希望更为减少成本地进入人际关系,参加社区运作,甚至融入极为广袤繁杂的世界“地球村落”,了解根植于生活之中然而又提升为国家权力符号的法律秩序,自然是顺理成章的。而且,在我们的视域中,法治的要义还在于法律具有最高的治理权威,而推行法治的过程,实际上又是建立法律的意识形态领导权的过程,使一般民众在明确自己义务的同时,更为关注自己的权利。这样,将法推行于民众之中,当然就成为一项大事业。

事业的展开,尤其是像“说法”这样的大事业的展开,需要细致贴近生活的叙事手段。因为,事业参与者的主体终究是普罗大众。《今日说法》以十分具体的法律事件作为叙事对象，切开我们身边的关系网络，展现仿佛曾在我们生活记忆中出现过的家长里短，牵引读者去进入阅读境遇。这是成功的。自然，在这里我们需要另外注意，这样一种成功，这样一种细致贴近生活的叙事手段，不应该简单地被认为是由于或者目的在于“吸引阅读情趣”。如果我们发觉，法律就像“过活”本身一样，是来自现实的，从而又回归现实，那么，我们就会理解，细致贴近生活地“说法”其实正是在侧面抒发体验生活中的“活道理”，还有“活法律”，而且是与读者相互交流地抒发体验。并且，这是将国家文字式的法律与实际生活中的法律，在“你”“我”“他”之间，建立一个相互融通的思绪桥梁。尽管，国家颁布的法律总是自上而下的。

《今日说法》尊重专家的意见。所以，我们看到了专家的在场。在具体个案的叙述场景铺开之后，从事法律职业的法律专家为我们作出了耐心解说。他们在做压轴工作。这里的专家，不是刻板的专家。他们，具有自如游刃于具象与理论之间的叙说能力。因为，“说法”终究不是诵法、念法；相反，“说法”是在运用平常百姓的言语讲述法律的纹路，交代法律大厦的细节谱系，从而不断地反复构筑法律肌理与民众观念之间的理解通道。其必要，是不言自明的。也正因此，专家的解说，当属画龙点睛。

作为一名读者，我在设想，《今日说法》是可以再上一层楼的。

法律来自现实，又回归现实，这已表明法律原本就应该是生活的一部分。生活中的曲直，是复杂的，由此而来的规矩方圆也是多系谱的。一项法律规则形成了，表明在特定的时间、空间中，我们拥有了暂时的共同意见。但是，时间、空间的变化，自然会引发利益的变化，利益的变化又会导致我们个体"法律意见"的分歧和演进。于是，交流或交换意见就成为法律向前发展变化的基本动力。基于这样一种认识，我们可以认为，如果在讲解法是怎样的同时，又在讨论法应是怎样的，并对现有法提出另类的意见，这对于"说法"而言自是稳健之中显露了"积极的跃动"。普法，其理想的境界终究不单是"告知"，还应有"讨论"。《说法》作为书籍，可以就此多做一些。民众和专家，都是可以参加文字讨论的。

此外，虽然国家法律的呈现是自上而下的，但是法律作为社会的秩序最终是自下而上的。其形成，其事业，最终依赖民众的参与与推动。这不是说法律只能自我萌发，而是说，法律的根基只能是政治意义上的民主运作。暂时的共同意见，当其以法律的形式出现的时候，需要讲解推广式的“说法”。然而，这只能是暂时性的启蒙，暂时需要专家式的人物角色的辅助。此后，在法律意见分歧的背景中，在民众已有意识关注法律生活之际，当人们的利益现实不断处在变动之中时，“说法”就应调动民众的参与意识，以期民主的因素潜入法律机制的内里。依此而言，讨论法应是怎样的，实际上是在从事另种意义上的民主大事业。《今日说法》一书，应该而且也是可以在文字上做得更足的。

其实，就像许多以案说法、以事论法的书籍一样，《今日说法》的半只脚无意中掉进了“面对文盲说文解字”的叙述陷阱之中。在法律的语境中，这是部分性的“居高临下”、忘却民主。应该认为，当我们深入生活的细节，在生活细节中说法论法的时候，我们已经无法回避“民众参与法律构建”这一基本的正当性问题，我们已经不能单纯地朗读国家法律的文书大字。毕竟，生活的细节，已是复杂的，可能引发利益的不同。而利益的不同需要民主式的交流讨论。“居高临下”，在深层阶段的“说法”之中，兴许就是不适宜的。

（原载《文汇报》2001 年 5 月 12 日）

花生仁儿

这像是一个讲述微型生活片段的小小说题目。

不错，著名悬念故事大师希区柯克以其为题，写了一个破案小小说。小说以第一人称方式叙述了一段对白。警察不断地提问，“我”不断地回答。对话的目的指向了一桩杀人案的侦破。花生仁儿就是花生仁儿，只不过因为“我”喜欢吃花生仁儿，所以，临近的人都称“我”为花生仁儿。警察提问的意思，主要是试图在“我”身上挖掘证人的特征。因为，当一对年轻男女发生了口角，女子不幸被“剖腹”致死的时候，“我”正在不远的地方。

警察的提问很认真，“我”的回答则是十分自然的。全部叙述对白都在暗示“我”的确是个证人。最后，警察断定，凶手是那个男性青年，并将“我”作为证人保护起来。可是，就在似乎水落石出的时候，“我”，也即这个“花生仁儿”，自言自语地道出了真相：年轻女子怀孕了，“我”为了帮助她解决肚子里的问题，放胎儿出来，用了餐刀，由于出了差错，女子像是被谋杀。

症结出在哪里？出在警察提问的方式不对路。警察先入为主地将“我”当作证人来看，提问的思路，也就走在了“证人调查”之上。警察根本没有三条腿走路：既想“我”也许是证人，又想“我”也许是疑犯，还想“我”可能是误伤。

显然，事情的可能性是多种多样的。故事也许想要表明：从警察侦探这样一个“事后（案件事实发生之后）才做”的角度来看，警察不可能经历真正的事实，只能依赖证据察看一二，而这样一种察看，又只能由某种先入为主观念所牵引，或者说“前见”作祟。所以，侦探像许多“思考”一样，是会出现错误的。而且，“错误”有时也是隐性的，无法觉察。

小说载《印第安人咒语》（希区柯克悬念故事集 6，中国电影出版社 2000 年版）一书。

这本书，由精致的短篇悬念故事组成。许多题目，就像“花生仁儿”一样，瞧去使人提神儿。比如：“池塘里的眉笔”“不对劲儿的车”“化妆间里的眼药水”“窃贼的浪漫史”“汽车后座上的手”等。就连那些一般化的题目，像“第六个逃犯”“老好人”“姑妈回城”“作家轶事”等，混迹于这些题目之中，也变得骤然增色。一书在握，应该是可以大饱“悬念游戏”眼福的。

希区柯克解释过悬念的意思：

如果要拍一群人围着一张桌子玩牌，然后突然一声爆炸，那么只能拍到一个十分呆板的炸后一惊的场面。然而，即使是表现同一场景，如果先拍桌子下面的定时炸弹，则镜头就造成了悬念，并牢牢抓住了观众。

但是，悬念故事，如果仅仅是悬念，那么，也不过是调节一点阅读情趣罢了。然而，希区柯克对人性的负面有特殊的关注。他笔下的人物，使我们容易联想到犯罪学家龙布罗梭“天生犯罪人”的概念。而且，故事中的重要角色，时常焦虑、内疚、仇恨，或者备受情欲的折磨，充分凸显了心理灵魂的冲突矛盾。这样，悬念的故事情节，其主干被砌筑了“刻写人性”的叙述基石。在阅读悬念的同时，我们也必须体会人性的自我拷问，从中反省。

此外，在希区柯克式的意念中，“人性冲突”的基石铺垫通向了“揭发社会自我解构”的背景叙述。人之灵魂和心理的矛盾，同时也折射了社会的矛盾。例如，在常人的眼睛中，警察与罪犯的对立关系是恒久的，警察是一种正义的象征，其角色定位是医治社会的疾病。而罪犯是反抗社会的，是邪恶的撒旦，其总是滋养着社会的毒瘤。但是，警察与罪犯终究都是社会意义上的人的符号。他们作为人，是可以转换角色位置的。换言之，当警察进行侦探的时候，他可能因为灵魂心理的矛盾，而变成了罪犯的始作俑者，这是说，他可能由于偏见，由于嫉恨，甚至由于自我感受的冲撞挣扎，而使无辜者成了罪犯，从而进行“罪犯的生产”，最终，自己成了一名另类的罪犯。在此，社会的角色结构因为人性的矛盾而自我解构了。希区柯克的悬念故事，也在撕开社会的另一面孔。正是因为这样一种深层的挖掘，我们在阅读悬念故事的时候，还必须将社会问题的必要解决方案置于思考的潜层意识之中。

这样一种叙述意念，和另外一些我们所熟知的英语世界的著名悬念故事大师如柯南道尔、克里斯蒂的构想形成了鲜明的对比。在后两者写作的故事中，我们除了可以知道丝丝入扣、跌宕起伏、引人入胜的事件发展路径之外，也只能知道英国侦探福尔摩斯、比利时侦探波洛这些干练的逻辑推理头脑人物和一般罪犯之间所形成的从不相互转化的“正反”对立关系。我们无法深入到日常生活的复杂纠葛之中，从而，无法深刻反思“对付犯罪”与“犯罪”的辩证关系。

于是，希区柯克笔下的“花生仁儿”的故事，连同“池塘里的眉笔”“老好人”“姑妈回城”等故事，为我们铺开了渐次深入的阅读阶梯。这些轻松随意的题目，其背后累积着丰富沉重的“社会悬念”。

（原载《文汇报》2001 年 5 月 26 日）

法律中的雄辩

研习法律的人，从来都是关心辩论的，仿佛辩论乃至训练得雄辩自如是法律行内的本分。为写一类专业的“作文”，一日来到了近邻的书店，发现两本书——《法庭之王》和《哈佛雄辩》，两书的共同特点在于通过律师讲雄辩，反过来再通过雄辩赞律师，而且历数美国律师才俊为榜样，于是，更为相信这是业内的看家本领。

上面两本书，其主要内容是叙述美国法律辩论的个案。从中，我们可以细细品味尼克松“水门事件”法律辩论的戏剧性变化，慢慢咀嚼辛普森刑事案件开庭诉讼的峰回路转，更为重要的是，我们可以了解律师这样一个屡被文学作品痛快描述的社会精英符号的实际底蕴，以及其根深之所以叶茂。

辩论以至雄辩，是自古以来人类理性的一种“现场发挥”的极致。不论何种职业，何种角色，何种时代，我们都可以发现其有意义的一面。它们，能够调动我们的情绪、激发我们的想象，甚至使我们可以更好地提升对社会及人事的“问题意识”。所以，类似的书籍汗牛充栋，自是不奇怪的。

然而，我在这里关心这样的问题：法律中的雄辩，以及基此而来的时下中国诉讼程序的抗辩式改革，究竟会是怎样的一个结果？如果结果存在了另方面的疑问，则类似书籍（如《法庭之王》和《哈佛雄辩》）的话语意义在法律的语境中是否需要重新检视？

大凡了解现代中国法治进化过程的人都知道，从前，中国的庭审是以法官为核心的。专家称其为“纠问式庭审”。这意思，是说法官才是“法庭之王”，法官不仅有裁判的权力，更有从头到尾追问以使案情水落石出的权力。法庭的流水线作业，是以法官作为主角的。后来，随着西学东渐的持续，中国的法学家和法律家都发觉英语国家的“对抗制庭审”才是最吸引人的。对抗，意味着庭审参与者积极地挑战对方，使出浑身解数，投枪掷匕，明中较劲。而法官则是消极静观的角色。人们想象，对抗式的操作，可使庭审的过程从混沌走向清晰，因为，“真理是越辩越明的”。当诉讼两造竭尽全力为己利益而攻击对方的时候，法官才能更为清楚纠纷的关节要害。

庭中对抗，需要辩论。因此，辩论作为一种技艺，发展下来就是一种职业的标志，其成熟耀眼的符号则是雄辩。正因为辩论可以成为一种法律职业，而且，法律雄辩是需要训练成熟的，所以，“法庭之王”的位置从法官移向了律师。

法律中的雄辩，需要专门的术语、特殊的论证思路和具体的法律知识。于是，我们也就不难理解为什么在英语国家中律师宏才伟略的表现既是滔滔不绝，又是方寸奇整。同时，我们也能理解，为什么这样的律师可以静悄悄地完成财富的自我流向，正如美国的高档律师可以不吭声地每小时收费高达 1000 美元。

财富的自我流向，是一种回报。

可是，我们应该注意，当这种回报以法庭审判对抗制的改革作为背景的时候，是有问题可究的。在中国当下的语境中，尤其如此。

雄辩作为一种技艺，作为法律职业的一个重要代码，其根本之意在于社会分工，以及其所产生的所谓“内行外行”的依赖关系。我们都有自己的职业，都有个性化的生存方式，所以，我们之中总有人无暇去训练从而只好去依赖他者的“法律雄辩”。这样，对抗制的诉讼程序，只好滋生专业的雄辩之才——律师。

依赖律师进入诉讼，笼统看去似乎是无可非议的。然而，从资源财富的相对占有量这一维度去看，我们可以发现尴尬的问题。首先，必须注意，律师从其产生之日起便是一个中产阶级，社会地位的排序以及生活享受的外露，已使我们无法怀疑这一点。当这样一个中产阶级的社会角色和等量齐观的另类中产阶级角色或者更为“有闲”的社会角色从事“入讼”交易之时，当后两者的财富因交易的成功而转向前者之时，我们可以相信，这是社会分工的当然结果。因为，内行提供了外行所需，外行回复了内行的所求。于是，我们没有理由怀疑其中的“正当”问题。

相反，如果作为中产阶级的一部分，律师阶层，通过诉讼之前的交易获取了收入低微、生活拮据的一般民众阶层的财富，那么，我们必须追问其中的“正当”问题。这里的意思，不是在问“为什么律师可以这样取得财富”，而是在问：当诉讼无非是解决民众的纠纷，而解决的过程可以是多样的，并非要以“雄辩”为必要条件，从而，为什么底层民众必须要以付出成本（甚至高昂的成本）方式进入解决纠纷的诉讼？

纠纷的解决，时常可以不依赖“法律雄辩”式的包装而得以实现。其实，我们的确有理由怀疑这样一个见解：明智的法官，只有通过双方律师的雄辩，才能作出明智的判决。不难发现，如果法官是明智的，当他（她）清晰知道了争议的事实以及相关的法律，那么，他（她）也依然可以作出明智的判决。有时，我们甚至可以想象，由于双方律师的雄辩或曰“智慧的诡辩”，法官倒可能变得视线模糊、判断模棱两可。在这个意义上，收入低微生活拮据的底层民众以付出成本方式进入诉讼，就变得有违“正当”了。

我们都不希望“法律诉讼的空间”成为有钱人的空间，更不希望钱财可以决定诉讼的命运。但是，信赖对抗制庭审，从而，依赖雄辩、依赖获取财富才能施展雄辩之才的律师符号，诉讼有时就只能是有钱人的天下。这不是说“法律中的雄辩”一无是处，而是说，这种雄辩，以及其所映照的对抗制庭审式的诉讼改革，其背后依然存有裹挟利益驱动的意识形态话语运作。其所带来的利益转换，有时是不光彩的。

话说至此，从另一角度再看“法律雄辩”一类书籍的话语意义，追究其深层的另外一面，则是一个不可避免的结论。

（原载《文汇报》2001年5月19日）

这两尊真理和正义女神雕塑位于英国伦敦威斯敏斯特宫的外墙上，
威斯敏斯特宫是英国议会所在地。

域外沉默权一瞥

国人现在有个习惯，喜好搬洋人的法治样板作参照，论说法律。近两年的“沉默权”鼓噪，又是一个例子。不奇怪，砌筑现代性的法律大厦，一是靠拿来主义，二是靠冥思苦想。而拿来省事，苦想费力。何况洋人的东西，瞅上去似乎就是显得不错。

谁都承认，沉默权是个舶来品。

国人法律传统，丝毫不允许犯罪嫌疑人、被告人可以在官府面前低头不语。因为，不能破了“从实招来”的规矩。这规矩，是社会踏实稳定的一块基石，也是做人良心的一个最低要求。要不，良心便被狗叼走了。接下去，自己和社会都是苦果不断。直到眼下，我们还是喜好念叨“坦白从宽”“抗拒从严”。言外之意：“说出来吧，我们不会冤枉一个好人，可也不会放过一个坏人！”

国人历史是否需要改变？

也许。

一

在洋人那，沉默权何时“浮出水面”，说不清楚。

有人讲，17世纪的英国，已开始递给犯罪嫌疑人、被告人一个定心丸：被官人拿住时，可以拒绝回答一切问题。还有人接着说，英国的做法，缘于一场愤怒。因为，1639年，一个叫利普邦的人，不小心贩卖了官府讨厌的文字书籍。当时的星座法院（star-chamber）兴师问罪，要利普邦老实交代。可利普邦死抗，绝不承认自己有罪，同时拒绝一切可能“落井下石”的讯问。末了，星座法院说利氏这家伙蔑视法庭，必须施以鞭刑。残酷的公开鞭刑，使英国人目瞪口呆。英国人转而愤怒了，暗自思量，为什么官府就不能“人道”“文明”一点？1641年，议会宣布利普邦案的审讯非法，利普邦面对审讯可以不作答。1642年，议会写出了“沉默权”三个字。

不过，大概算算，沉默权应是文艺复兴之始而来的启蒙运动时代的产品。那时起，欧洲人发现了“人”，差点忘掉了“神”。发现了“人”，意味着要拎起“个人的权利”来说事。“个人”是最重要的，是社会网络的原子构件。没有“个人”，也就没有社会。更为打紧的是，国家政府原本就是“个人契约”的产物。每个“个人”，将权利交给政府捏攒，是为了使政府充当社会监护人，最终来保护个人的权利。政府，尤其是其显著符号——警察控官，在管理社会时，则容易出尔反尔，于保护人权（社会性的、他人的）之时侵犯人权（犯罪嫌疑人的、被告人的）。所以，要允许个人“盯着官人不说话”。

这是自由主义思路的一个结果。

现代性的世界法律发展谱系，是飘散扇形的，以西方某一地方为圆点，逐渐向地球其他角落扩展开来。没办法，中世纪末以降，西方某些地方打各方面就是狂飙突进，让别国别族看着着急。不学，自己就要落后，还要挨打，直至“销声匿迹”。而一国之强盛，据说总与法治相联系。这样，学了军事、经济、科学之时，还要学法治。像后来的德意志、法兰西、美利坚合众国、意大利……都是如此。就是遥远的大和日本，也是照样。当然，还有现在许多的非西方国家，亦步亦趋。结果如何？大体瞧去，还是不错的。沉默权的传播路径，正是此种模式。不信，翻翻刚提到的那几个国家民族的法律章典制定的时间表，便可读到清晰的演化脉络。

另外，法律制度内部有个“相互关系”。国人熟悉的词是：配套。目下咱们改革，言必称“措施配套”。可洋人早知这点。如果讲究法治，那就要依法办事。对草芥平民是这般，对权力衙门亦这般。权力衙门依法做事，自然等于人们要求有个东西束缚它们。束缚它们，是为了保护公民权利。“束缚权力”，包括了“法无明文不为罪”“公民有获得辩护的权利”“刑事诉讼的举证责任在官府一方”等。要使“束缚”有声有色，还要配上“沉默权”及其他，等等。洋人特别相信，“相互关系”宁可显得多而臃赘，也不能缺臂短腿。

二

上面讲的是域外沉默权大面上的东西。除此之外，还须对之“具体分析”。

洋人“沉默权”的具体纹路，通过一案，可品味一二。

1963 年的一个日子，美国发生了一桩强奸案。受害人是 18 岁的青春玉女。强奸嫌疑人自然是条野汉子。那天深夜，野汉子开车将玉女劫持。20 分钟后，车上发生了强暴事件。事后，玉女飞奔回家，一个电话打到警察局。警察依据线索，10 天之内即将野汉子拿获。在询问过程中，警察要求野汉子招供，并要求其自己写下供述。野汉子照做了。案子清楚明了，没啥争议。法官将劫持罪名和强奸罪名贴在野汉子身上，刑期是两罪相加，共 50 年。狱门跟着打开了。

这罪人叫米兰达。

岂料，判决下来，米兰达硬是不服。他不断上诉，经过百般曲折，竟在美国联邦最高法院上诉得直。

上诉理由称，警察“强迫”他写下供述，供述写下来绝对不是自己自愿的。而且，警察太明显地违反了《美国联邦宪法》第 5 条修正案：在刑事诉讼中不得强迫任何人作出对自己不利的证词。而联邦最高法院翻开卷子一看，也发现“强迫”问题的真实存在。第一，审讯室与外界隔绝，米兰达眼前是一字排开的警察队列。第二，警察不问“干了什么”，而只是问“为什么要干”。第三，警察手段不“光明”，一会儿摇摆“胡萝卜”，一会儿挥舞“大棒”，叫米兰达精神全线崩溃。所以，联邦最高法院大笔一挥，判米兰达写下的供述无效。

联邦最高法院并未在此打住。它还说，大凡审讯，警察必须事先告诉被捕者，一是他有权保持沉默；二是他如果选择了回答，则所作的回答可用作呈堂证供。否则，所得证词无效。这便是著名的“米兰达明示”（Miranda Warnings）的基本内容。从这开始，对抗“警方强迫”的沉默权，在美国风靡般地家喻户晓，人人享有。在几乎所有的警匪文学中，“你可以保持沉默”，成了故事叙述的开场白。尽管美国宪法修正案里早已暗含这句话的意思。

显然，米兰达案的最终判决，标识着个人在面临强大的国家机器时，可以享有丁卯凿实的“不说话”的权利。官府非要令人开口，那么，供词就是没有效力的。

为啥可以沉默？总得有些道道儿可讲吧？

道道儿自然是有。

洋人说，谁也不会否认应有“言论自由”，而“言论自由”既包含了想说就说的意思，也包含了不想说就不张嘴的意思。有肯定的方面，也有否定的方面。这就如同婚姻自由，既指结婚，也指离婚。如果一个人不想说，硬要上前撬嘴，这便等于剥夺了“言论自由”。

洋人还说，当一个人被官人拿获了，其已经处于非常不利的地位。这时，再允许官人左右动作，便易造成冤假错案。冤假错案，一方面，兴许是官人出于好心而滥用权力的结果；另一方面，兴许是官人本身就心怀叵测而滥用权力的结果。官人也是人。假设相信人可能犯罪，自然没有理由说“官人不会犯罪”。人性恶的概念，是个全称判断。它指所有人，就连说人性恶的那人也涵盖其内。这样，官人自是不能例外。心怀叵测正是指这个意思。而让嫌疑人或被告人享有沉默权，就可抵御“恶官人”的心怀叵测。

除此之外，洋人又讲，他们喜欢“无罪推定”。这是说，在法院最终判决之前，一定要假定嫌疑人、被告人是无罪的，要顶着官人一步一步地证明“罪在哪”“罪是什么”。既然无罪推定可以接受，则“无罪”的人，自然可以“沉默不语”。

三

不过，要犯人开口，为的是“破案”“结案”，最终为的是社会祥和平安、秩序稳定以及他人的权利。总不能看着犯人，在那里沉默的得意洋洋吧?

当然。

在洋人那里，沉默权不是绝对的。

英国人说，嫌疑人和被告人可以沉默。但是，沉默并不意味着法官或陪审团可以不作任何对其不妙的推论。为获证词，强行撬开嫌疑人和被告人的嘴，自然会使证词无效。然而，出现下列四种情形，依然可用逻辑推断，将罪名安在他们身上。

第一，官人在侦查过程中想了解的事实，如果被嫌疑人或被告人用来辩护说事，那么，法官大人及公民陪审团，就可以顺藤摸瓜地作出对其不妙的推论。第二，假如开庭了，法官和陪审团要断案，而被告人硬是一言不发，那么，法官、警方、检控方都可以提请陪审团作个推论，即便这推论显得被告人捉襟见肘。至于官人有否说过“可沉默”这句话，无关紧要。第三，证据里面有“物证”一说。如刀、铁棍、炸药、血迹，等等，可归入“物证”。如果这些物证出现在嫌疑人或被告人的身上，法官和陪审团都可以一不做二不休地端出对其不利的结论，而不管其是否承认，也不管官人是否提醒过沉默权。第四，也是最后一点，在犯罪现场和犯罪时间里，嫌疑人或被告人恰巧出现了，出现得令人无法不怀疑就是他们犯事的，那么，他们再沉默（加之官人没说“可沉默”），也是白搭。法官和陪审团依然可以挥笔而就，定罪。

一句话，嫌疑人或被告人不想说，而官人又没有给出什么类似美国的“米兰达明示”，依然不影响定罪结案。

美国人也有此等见解。

1984 年，纽约州冒出了一桩强奸案。一名妇女居然在超级市场旁边被人侵犯。案子一发，警察立马赶到。一个时辰未过，警察拿住了嫌疑人。可被害妇女着急地说，嫌疑人身上有枪。这样，警察为安全起见，径直问嫌疑人枪在哪。嫌疑人如实交代，枪被找到了。在法院开庭的时候，枪被作为定罪的一个证据。可嫌疑人说，警方不守规矩，没有向他郑重宣布“米兰达明示”。所以，枪不能成为一个证据。法院当即回答，如果枪依然漂在外边，对公共安全是个大大的威胁，在此危急时刻，警察可以不费口舌，说声“米兰达”。此时的枪，当然可以作为定罪依据。

这意味着，在公共安全出现危险时，警察没必要恩赐

“沉默权”。

曾几何时，美国还出现过一个绑票案。当警方逮住嫌疑人时，“票”（受害者）去向不明。警察着急，便问嫌疑人“票在哪”，嫌疑人招了。这“招”也成为一个不可推翻的定罪证据。法院说，如果警察非要先递上一个“米兰达明示”，嫌疑人一沉默，这“票”恐怕永远消失了。所以，此时警方不必多费口舌。

再者，沉默权的法律规矩，是个“一般性”的规矩。既然有个“一般性”，自然在实践中需要解释。这就像“禁止车辆在公园内通行”的规矩，我们总要解释，“自行车”是不是“车辆”，因而属不属于禁止之列。所以，警方这样的官人，甚至法院里的官人，都可以根据情形来作番自己喜好的“沉默权适用”的说明。

美国有个前科犯人，叫马色森。一天，警方瞧着他别扭，怀疑有些盗案与他有瓜葛，便把他叫到警察局。警方没说是逮捕，也没说是暂时关押，只说“咱们聊聊”。聊着聊着，警方骗说罪案现场发现了马色森的手迹。马氏心虚，立刻招认。事后法院判案时，据此定了马氏犯有盗窃罪。马氏大喊，为啥警察不给“米兰达明示”？！法院却说，当时既非逮捕，也非关押，只是“聊聊”。既然“聊聊”，哪须提示“沉默权”？！这是说，沉默权使用的时候是“审讯”，而审讯，有个逮捕和关押的前提。

这是巧妙解释“一般性”规矩的一个例子。

自然，在其他洋人国家，上述这些对沉默权的限制、例外和巧妙解释也比比皆是。

概言之，这些限制、例外和巧妙解释，都表明洋人意识到沉默权的“另一面”。沉默权是保护公民的权利，可保护之余，自会带来负面作用。没边界的沉默权，过度地使用沉默权，完全可能有违沉默权的初衷。因为，这般无度会影响社会的安全秩序和他人的权利，影响的结果，便使人人都会滥用沉默权。如果沉默权的滥用，使犯罪人逃之夭夭、逍遥法外，并使受害人不能申冤，那么，受害人也会反之“以夷治夷”（如杀人后“不说话”）。最后，官人将不得不彻底放弃“规矩”，强行管制社会秩序，从而露出“人治（专制）”而非“法治”的面目，彻底放逐沉默权。

前边，拉拉杂杂地说了些域外沉默权。难免挂一漏万，故称“一瞥”。读者看着差不多也就可以了。

再说点余话。

搞法治现代化，固然要参照洋人的经验，可也要确实注意洋人的语境和国人的语境之间的区别。语境不同，制度的产生也会不同，而更重要的是，制度的效果也会随之有别。更何况，任何一个制度本身都是“双刃性”的，利弊兼有。沉默权，也是这么回事。洋人明白了这些，咱们更应明白。只需想想：我们现在到底需要什么？

（原载《南风窗》2000 年第 5 期）

汉斯・凯尔森

追踪法律的效力

我们都知道遗嘱这回事，而且知道有些遗嘱一定是有法律效力的。但是遗嘱为什么有效力？有人可能会说，效力是从遗嘱人的意志那里来的，遗嘱人有了愿望或意志，从而使遗嘱的内容成为遗嘱人的意思表示。当然，我们有时还会以为，遗嘱的形式和过程符合了一些权威性的规定，所以“过关”了。

凯尔森却设想，遗嘱的效力和遗嘱人的意志根本没有关系。为什么？凯尔森的意思是：显然，我们可以发现，遗嘱人活着的时候遗嘱自然有效，而他死了以后仍然是有效的。问题是在他死后，他不可能再有意志。此时，人们当然不会因为他不可能再有意志而认为遗嘱是无效的，这就表明遗嘱的效力来自另一地方。

在遗嘱例子中，凯尔森是想说明心理学意义上的“意志”对遗嘱那样的“法律文件”的效力没有决定性的作用。对这点，我们经过一番思考后会赞同凯尔森的意见。但是，凯尔森和我们一样，不会忘掉另一问题：遗嘱和契约的有效也依赖一般人所说的“法律”的规定。大凡有点法律知识的人都会知道，遗嘱人死后遗嘱就要执行，因为，“法律”是这么规定的。所以，效力又来自“旁边”的规范（如法律）规定。

凯尔森的思想至为精湛，对遗嘱里面的意志问题的“清算”，当然不会就事论事。他别有一番“雄心壮志”：试图清除法律背后的“意志”概念。他在深思这些问题：为什么常人会以为意志决定了遗嘱一类东西的效力？为什么像一般法律理论（尤其是分析法学）那样会以为法律背后有个主权者的意志？这两个问题是否有点联系？

有时，人们容易以为，法律是被制定出来的。既然是被制定出来的，那么当然体现了制定者的意志。所以，意志决定了法律的约束力。凯尔森断定，正是因为法律看上去和遗嘱一样是由人来制定的，所以，这些东西的效力都被看作来自制定者的意志。而且，即使发觉遗嘱的效力还要依赖法律的规定，人们也还是不会怀疑法律自己的效力来自“意志”。可是，如果认为法律的效力来自制定者的心理学上的意志，那么，制定者死后或不再表示意志时，效力也就不存在了。

如此说来，人们认为法律的效力来自主权制定者的意志，就像误以为遗嘱的效力来自订立者一样，是错误的。其实，正像遗嘱的真正效力来自旁边的“法律”，法律规范的效力也是来自旁边的另外规范。

当然，有人会说，凯尔森可能忘掉了“默认”(或“认可”)这个词。换言之，之所以制定者死后其法律继续有效，是因为当国家的一些权力机构如法院和其他政府部门再适用它们时，后来的法律制定者点头默认了。而且，就在前任制定者依然健在另有心思时，许多人们称为“法律制度”的东西仿佛以习惯方式存在于社会中，也是由于被“默认”的缘故。从这里可以推出一个结论：只要后任制定者乐意，他便可以删改废除“前任制定者”时期的法律，重新制定颁布新的法律。如此，仍然可以认为，法律的效力离不开“意志”，哪怕是心理学意义上的意志。

但是，凯尔森讲，“默认”表达的观念仍然具有似是而非或者模糊不清的地方。假如一名法官对一位新任国王说，他将依照100多年前的先王制定的规则来解决一个法律纠纷，新任国王不置可否。这名法官就那么处理了，国王还是一言不发。那么，这时候的法律处理是否表现了国王的主权者意志？如果认为是，这类“默认”就会和“意志说”的基本意思不太协调，因为，“意志说”总是暗含了一个明确性的概念，要表达意志，就要给他人一个明确的信息。国王一言不发，自然没有给法官一个明白的说法。在这种情况下，不论法官还是旁人，恐怕都不会知道国王到底是啥意思。反过来，如果认为不是，那么那名法官的处理是不是“法律上”的处理？实际上，在实践中，像上面法官的处理并不是不存在的，而且，人们并不会认为这类处理不是法律上的处理。

有趣的是，凯尔森的理路并未在此打住。他提醒我们注意上面说的“旁边”的法律规范的效力来自何方。比如，刚说的法官实际上正依照“旁边”的法律规范来适用先王的规则，可那“旁边”的规范效力来自哪里？回到前面的“遗嘱”例子，我们可说，遗嘱是有效的，因为《遗嘱法》规定有效；而《遗嘱法》有效，是因为它是立法者制定的；立法者制定行为有效，是因为《宪法》有此规定；《宪法》规定有效，是因为公民举手通过；公民举手通过有效，是因为大家接受了一个更为基本的规范……反正，法律的效力不是来自“统治者的意志”，尤其是心理学上的威吓式统治意志。

显然，《法与国家的一般理论》一书的理路十分重要，可以推进我们对法律效力直至法律现象本身的深刻认识。

（原载《中国图书商报·书评周刊》1999 年 10 月 5 日）

H.L.A. 哈特

理解法律的新视角

先看两种情形。其一，一名税务机关的税官前来征税，要求某人交纳1万元的所得税，并告之，如不履行便有受罚的危险。其二，另有一名持枪歹徒前来威胁，要求纳税人掏出1万元来送到某处，否则将其处死。这两种情形有何区别？显然，谁都会认为，前一种情形是发生在“法律行为语境”中的事情，而后一种，则是暴徒事件，甚至是违法犯罪事件。因为，税官在执法，而歹徒在抢劫。

但是，一种影响广泛的法学理论亦即边沁和奥斯丁式的分析法学，似乎无法有效地说明分辨这两种情形。分析法学说，认为法律是以强制力为后盾的普遍命令，谁不服从，谁便会受到制裁。如此，税官收税和歹徒抢劫便几乎是同类行为了。分析法学曾申辩，法律是“普遍的”，即对一类人、一类行为作出的普遍要求，而歹徒抢劫是“单独的”，即针对具体个人作出的个别要求，所以两者情形是不同的。可是，歹徒在一段时间之内对一类人作出普遍性的抢劫要求，完全是可能的。这样，分析法学的申辩还是捉襟见肘。

问题出在哪里？在《法律的概念》这本20世纪西方经典法理学文本中，英国学者哈特指出，问题出在那种学说忽视了“规则行为”这个概念。税官征税是“规则行为”，而歹徒抢劫不是。

为何前者是“规则行为”而后者不是？“规则行为”是什么？

在前者中，我们可以发现，有些人纳税肯定是积极自愿的，但在面对歹徒时没有一人拿出钱财是“积极自愿”的。正是因为在前者中有些人积极自愿，所以，那类行为就成为了一种“规则行为”，税官征税也就具有“正当理由”，而在后者中，则是见出了纯粹的“被迫行为”。我们的语言习惯也证实了这个分析。比如，在前者中，完全可以讲“我有义务纳税”，可在后者中，绝对不能说“我有义务将钱交给歹徒”。由此可见，“法律强制命令说”失败的关键在于盯住了“被迫行为”，忽视了“规则行为”，而“规则行为”恰在于有些行为者的“积极自愿”的态度。

进而言之，“强制”不是法律的基本特征。这是《法律的概念》提出的一个深邃洞见。

不过，分析法学提出法律强制命令说，目的之一在于区别法律和道德。不奇怪，人们习惯认为，法律属于外在的强制约束，而道德属于内在的心理约束。分析法学同样揪住了这个感觉。自然，如果像《法律的概念》那样颠覆了“强制”话语，法律和道德的界限岂不有些模糊？

哈特深知这点，故而继续分析了法律和道德这类其他社会现象的区别。在“征税行为语境”中，人们可以发觉，税官以及“积极自愿”交税的人的头脑中，会有这样一些东西：“凡是某某机构制定的税收规则就是法律”“某某机构里的这人或那人就是税官”，等等。这些东西是什么？哈特讲，它们是一些至关重要的决定“什么是法律”以及“什么是法律官员”的社会规则。只要税官和“积极自愿”交税的人头脑里这样想，而且在行动中依照所谓的税收规则收税纳税，并到一个他们共同认可的机构来操作，这样，我们便可以发现“什么是税法”“什么是税务官员”。单纯的“积极自愿交税”的想法和行动，仍然是属于道德的范畴，可是有了后一类决定“什么是税法和税务官员”

的想法和行动，我们就进入了法律的范畴。

可以这样思考问题：正是在后一类想法和行动中，可以发现，一个社会里某些人（如税官和自愿纳税者）将“权力”授予了另外某些人或机构，认可后面一些人或机构具有一种特殊的“权力”，比如，认可后面一些机构制定的税收规则，认可后面一些人是税官。显然，在道德领域里，无法看到这些现象。于是，法律和道德区别开了。这说明，放逐“强制”话语依然可以达到区别法律和道德的目的。这是《法律的概念》的另一个洞见。

顺此思路，《法律的概念》还指示了另外一个重要方向：寻找法律，不能像分析法学所说的在统治者的命令文本（白纸黑字）中去翻阅，而应在“积极自愿”心态那类人的想法和行为中去剥离。这样，法学应该而且必须具有“社会学”的策略和品格。

中国现今的正统法学理论在某些重要方面颇为类似分析法学。依此来说，如果通过《法律的概念》可以知晓分析法学的问题是什么，那么，以同种方式，自然便可知道我们正统法学理论的问题是什么。

（原载《中国图书商报·书评周刊》1999年3月9日）